Fuja do Fluxograma

Gart Capote

1ª Edição
2017

Dados Internacionais de Catalogação na Publicação (CIP)

Câmara Brasileira do Livro, SP, Brasil.

Fuja do Fluxograma / Gart Capote de Britto. – 1. ed. – Rio de Janeiro : Gart Capote, 2017.

Bibliografia.
ISBN-13: 978-1981388974
ISBN-10: 1981388974

1. Fluxo de Trabalho – Administração 2. Controle de Processos 3.Negócios – Planejamento 4.Organizações 5.Tecnologia de Informação I. Capote, Gart

CDD-658.4063

Índices para catálogo sistemático

1. BPM : Business Process Management : Administração de empresas 658.4063
2. Gerenciamento de Processos de Negócio : Administração de empresas 658.4063

Marcas Registradas

Todas as siglas e termos mencionados e reconhecidos como marca registrada e/ou comercial são de responsabilidade de seus proprietários. O autor informa não ser associado a nenhum produto e/ou fornecedor citado nesta obra. No decorrer desta, imagens, nomes de produtos e fabricantes podem ter sido utilizados, e desde já o autor informa que o uso é estritamente ilustrativo e/ou educativo, não visando qualquer favorecimento ou desmerecimento de produto/fabricante.

Crowdsourcing para Revisão

Conforme vem sendo realizado desde 2012 e estreando com o livro "BPM para todos", esta obra também teve a honra de contar com a participação voluntária de dezenas de profissionais brasileiros que doaram tempo, conhecimento e carinho para a realização de diversas ondas de revisão de todo o conteúdo deste livro. Muito obrigado mais uma vez por todo o apoio e incentivo recebido. Sem vocês, nada disso seria possível.

Revisão Geral e Revisão Final*

- Allan de Souza Muniz
- Ana Otávia Ribeiro Paiva
- Anderson Pereira
- Andre Luiz de Oliveira
- Bruna Manduca da Motta *
- Bruno Bonfanti Rios
- Bruno Soares
- Camila Silva Lourenço
- Caue Siqueira
- Chayana Leocádio
- Claudio Bassani Correia Filho
- Débora Balmant Cruzeiro
- Giovani Maciel
- Glicia Kelly Dos Santos
- Haylla Balzani
- Henrique Gomes
- Isabelle Chagas
- Izabel Leonardo
- Jair Laperuta Neto
- José Ricardo Rodrigues Teixeira Alves
- Josué Vitor
- Leandro C Silva
- Leandro Maitan de Castro
- Luciana Bicalho
- Luciana Teixeira
- Luís Carlos Krupp
- Luiz Eduardo Cirne Correa *
- Marcia Bevilaqua
- Marco Gandra
- Regina Mariquito
- Roberto Viana
- Rodrigo Organista
- Rodrigo Souto
- Sandra Camelo
- Silvana B Castro O Lima *
- Tarso Cruz
- Tatiana Pires Terra Araújo Batista
- Thiago Lima
- Vanessa Garcia
- Vanessa Pereira Jasinski *
- Walter Kock

Aos colegas de profissão:

Este livro foi pensado e escrito para que possamos, cada vez mais, realizar nosso trabalho com relevância estratégica e qualidade.

O Gerenciamento de Processos de Negócio só tem valor quando sua realização entrega o que é importante para a sociedade.

Conto com vocês.

Índice

Apresentação

Permita-me fazer uma breve apresentação.

Meu nome é Gart Capote, sou um profissional oriundo da tecnologia da informação para desenvolvimento de soluções, mas, ao mesmo tempo, um constante estudioso, desenvolvedor e praticante de técnicas, princípios e métodos ligados à modernização da gestão organizacional.

Desde 2003 trabalho com levantamento, modelagem, análise, melhoria, gerenciamento e automatização de processos. Por estar nessa jornada há tanto tempo, tive a oportunidade de aprender e utilizar diversas notações, inúmeros métodos e variadas tecnologias aplicadas ao mundo do gerenciamento de processos de negócio.

Em 2010, decidi me dedicar exclusivamente a difundir o conhecimento adquirido e a capacitar profissionais nas habilidades necessárias para a modernização organizacional. Nesse caminho de compartilhamento de conhecimento, dentre os muitos projetos e ações realizadas dentro e fora do Brasil, escrevi quatro livros de grande sucesso, sendo este aqui o quinto e mais recente trabalho.

Numa linha de tempo bastante resumida, destaco algumas das minhas principais obras publicadas:

1. Guia para Formação de Analistas de Processos, 1ª ed. 2011
2. BPM para Todos, 1ª ed. 2012
3. Medição de Valor de Processos para BPM, 1ª ed. 2013
4. Guia para Formação de Analistas de Processos, 2ª ed. ampliada e atualizada em 2015

Se você tiver interesse em conhecer mais detalhes da minha trajetória profissional, e assim, entender como temos muitos pontos em comum, fica aqui o convite para leitura dos livros anteriormente citados e contato nas redes sociais. Nesses canais você vai entender melhor como foi a trajetória, desde os trabalhos com desenvolvimento de software, os primeiros projetos de gerenciamento de processos de negócio com automatização (BPMS) até os momentos de concepção, fundação e presidência da *Association of Business Process Management* - ABPMP no Brasil por 8 anos consecutivos.

Finalizando esta apresentação, gostaria de salientar que, após esse longo e incrível caminho trilhado no Brasil, decidi ampliar os horizontes e iniciar uma nova jornada profissional em países da Europa para realizar projetos e capacitações em temas relacionados a *Business Process Management* (BPM), *Business Experience Design* (BXD) e ações de modernização organizacional como um todo. Para conhecer essa iniciativa internacional, visite o meu *site* e aprenda mais sobre o fascinante mundo de BPM e BXD.

Se você desejar, pode se conectar comigo no LinkedIn, Facebook e Twitter. É bem simples, basta buscar por "Gart Capote" e me adicionar. Até hoje não encontrei homônimos. Será uma honra fazer parte de sua rede de relacionamentos.

Boa leitura e espero que aproveite bem o conteúdo desta obra.

www.GartCapote.com

Objetivo do livro

Em 2017, escrevi um artigo com o mesmo nome deste livro e publiquei no LinkedIn. Se isto aqui fosse um programa de TV, desses que exploram o sensacionalismo e, se eu fosse o apresentador, você me ouviria bradar neste momento: Para, para, para, para tudo! É polêmica e intriga no ar! Brincadeiras à parte, o tal artigo teve mais de 4.000 visualizações em menos de dois dias e dezenas de comentários quase imediatamente. Confesso que isso me assustou um pouco, mas, ao mesmo tempo, motivou ainda mais a escrever este livro. Vou explicar.

Quando escrevi "Fuja do Fluxograma" no título do artigo, acredito que muitas pessoas levaram o título para o lado pessoal. Algo parecido com: "O Gart enlouqueceu! Ele quer acabar com o meu trabalho, está dizendo que eu não sei modelar um processo, que estou ultrapassado em minhas técnicas!"
Perdão se o assustei, mas não era esse o principal objetivo do artigo e nem é o objetivo deste livro.

Porém, preciso ratificar um ponto muito importante do artigo e desta obra: Fuja, agora mesmo, já, imediatamente, de qualquer fluxograma!
Sei que incomoda ler isso dessa forma, mas é preciso sacudir um pouco para levantar a poeira e nos preparar para um modelo mental necessário e fora da zona de conforto.

AVISO IMPORTANTE

Este livro é para pessoas com coração forte e espírito desbravador. Se você não está interessado em entender, mudar, avançar, pensar e fazer diferente, pode encerrar a leitura agora. Este livro pretende gerar um *"reset"* no modelo mental vigente. Sairemos do *Mindset* Fixo para o *Mindset* de Crescimento (Carol S. Dweck).

Você não quer isso?

Ok. Vai lá, não vou ficar triste, pode fechar o livro e abandonar a leitura. Adeus.

Ufa! Que bom que você continuou. Fico feliz.

Já que você está decidido a entender essa minha provocação inicial, vou começar a explicar o objetivo da minha humilde proposta de corrida coletiva para bem longe dos fluxogramas.

Antes de continuarmos, preciso fazer umas contextualizações iniciais.

Fluxogramas

Ao falar de "fluxogramas", generalizei as mais variadas notações existentes no mercado com base na forma de representar processos, não estou tentando dizer que a notação "A" é melhor que "B". Para você entender melhor, nessa generalização que faço, digo que é possível produzir e encontrar fluxogramas utilizando a mais moderna das notações de processos. Você pode utilizar BPMN 2.0 e produzir incríveis e, muitas vezes, inúteis fluxogramas.

Um Fluxograma é muito parecido com
"arte contemporânea abstrata".

Não existe obrigação de relação direta com a realidade, é quase uma questão de gosto e interpretação individual. Precisamos entender isso para prosseguir. Não estamos caçando bruxas ou demonizando as notações mais antigas e/ou ainda em uso em muitos lugares.

Para reforçar essa ideia, e sem medo de estar exagerando, posso dizer o seguinte:

"A representação inútil de processos não possui restrições de tipos. É possível criar porcarias inúteis e abstratas utilizando papel de pão, rabiscando em paredes, softwares, post-it etc. Simples assim."

Se você não é um "artista abstrato" dos processos, qual é o objetivo de produzir sempre essas obras abstratas sobre os processos?

Qual a utilidade dessas "obras de arte" que ocupam paredes, gavetas, mesas e espaço nos computadores das organizações?

Calma! Algumas dessas obras de arte até conseguem ter certa utilidade. Veremos adiante.

Resistência

Resistência é algo inevitável quando falamos sobre mudanças, porém, neste livro vou recorrer aos mais variados embasamentos teóricos e práticos para ajudar a flexibilizar um pouco sua mente e avançarmos juntos. Como diria Bruce Lee:

"Seja água, meu amigo. Água não tem formato definido."

No mundo da representação de processos, ser como água é fluir conforme a realidade operacional dos caminhos dos processos. Ou seja, seguir as ações e caminhos, entendendo e evidenciando a prática real. Como veremos neste livro:

"Fluxogramas não gostam da realidade, preferem a lógica."

Sendo assim, ao avançar na leitura, peço que mantenha a mente e o coração abertos para as mais variadas formas possíveis que vamos ver.

O que trataremos aqui são propostas úteis e objetivas, mas não são verdades definitivas. Para aproveitar o conteúdo deste livro você precisará entender alguns bloqueios que criamos e desenvolvemos desde a nossa infância e, principalmente, qual o impacto desses bloqueios em nossa vida pessoal e profissional. Sem medo de generalizar, podemos dizer que, os processos organizacionais, no final das contas, são projeções documentais dos bloqueios pessoais de quem os define ou representa, sempre conforme suas crenças pessoais e orientação social. Bela frase, não? Acho que devo criar uma citação sobre isso e atribuir um autor para parecer que é bem importante e as pessoas irão repetir tal frase nas redes sociais. Que tal algo assim:

"Processos organizacionais são apenas projeções e evidências
da reprimida psiquê humana e dos inúmeros arquétipos herdados."
By Gart Capote

Gostou? Agora já pode compartilhar.

Voltando, para falar desses bloqueios e resistências, trataremos de alguns dos principais e mais palatáveis elementos da neurociência.

Sim, precisamos falar do nosso cérebro para entender a forma como representamos os processos. Não se preocupe, não é um livro técnico de neurociência, apenas trarei alguns elementos importantes para ajudar na redução/eliminação de certas resistências e certezas que nos atrapalham no dia a dia. Tentarei ser o mais objetivo e lúdico possível quando estivermos nessa etapa do livro. Fique tranquilo.

Como ler este livro

Sei que pode parecer estranho, mas é importante que você leia este trecho explicativo. Normalmente, em um livro técnico, muitos tentam ler indo direto ao ponto que os interessa. Pulam introdução, assuntos que acreditam já dominar etc. Porém, para este livro funcionar bem para todos nós, vou pedir que você leia seguindo a ordem das páginas. Depois de ler uma primeira vez todo o material, fique à vontade para utilizar de maneira fragmentada, mas, na primeira leitura, por favor, siga a ordem crescente numérica.

Por que estou pedindo isso?

Como falei na página anterior sobre "Resistência", a forma como entendemos, representamos e gerenciamos os processos está diretamente relacionada aos nossos bloqueios mentais, profissionais e sociais, e esses bloqueios não são de hoje e nem se manifestaram apenas agora. Assimilamos e desenvolvemos esse "enquadramento social" desde nossa mais tenra idade e continuamos com ele ao longo de nossa jornada na Terra.

19

Sendo assim, se você pular a leitura do capítulo dedicado aos bloqueios e resistências, provavelmente, não vai captar corretamente toda a mensagem do que é apresentado na parte técnica de BPMN (*Business Process Modeling and Notation*). Você ficará um tanto quanto "livre demais" para interpretações dúbias. Não queremos isso, certo?

Neurociência e você, tudo a ver

Como falar de neurociência em um livro de BPMN, BPM, processos, fluxogramas e coisas do tipo? Aliás, por qual motivo falar disso neste livro? Sim, essas foram algumas das minhas preocupações iniciais. Espero que as respostas sejam suficientes e que você também entenda o poder desse conhecimento quando o aplicamos em nosso trabalho diário. Ah, quase esqueci: o título deste capítulo é, sim, uma referência à vinheta de um canal de TV muito famoso no Brasil. Dar esse nome já tem relação com um entendimento mínimo do cérebro humano. Também faz parte da tentativa de criar uma referência empática inicial sobre o tema, ao fazer uma brincadeira com referências lúdicas e comuns para boa parte do público-alvo desta obra. Leia novamente o título, talvez você até ouça mentalmente o locutor da vinheta. Funcionou? Diga-me depois.

Vamos começar bem do começo e, por isso, precisamos adotar um modelo de referência bem simples sobre os grandes "blocos" componentes do nosso cérebro moderno. É importante saber que, tudo o que veremos a seguir está relacionado à neurociência e é um certo consenso para a comunidade científica, além de um modelo bastante lúdico – suficiente para abordagens introdutórias ao tema – que é nosso objetivo aqui. Portanto, se você é especialista no tema, perdoe minha "superficialidade", mas o que será apresentado aqui é mais do que suficiente para sustentar a proposta do livro e ilustrar as "camadas" cerebrais para os leitores.

Veremos a seguir o que, poeticamente, venho chamando de "Cérebro Napolitano".

O Cérebro Napolitano

Do segundo semestre de 2015 até agora, dezembro de 2017, participei de alguns treinamentos muito interessantes e nas mais variadas áreas de conhecimento. Porém, alguns desses treinamentos foram "revolucionários" para a minha vida profissional e até pessoal. Destaco, nesse universo, os cursos que participei sobre elementos de gamificação aplicados para orientação e mudança comportamental, *neurodesign*, neurociência essencial e para reenquadramento (*reframing*), além de um ótimo treinamento para reaprendizagem criativa de adultos.

Sabe quando você já conhece e pratica uma determinada coisa, mas não parou para estudar a sua origem? É isso!

Esses treinamentos, além de me ajudarem a criar as conexões que faltavam em determinados temas, ainda revolucionaram minha forma de ver e perceber as coisas no dia a dia.

Sendo assim, não poderia deixar de compartilhar com você um pouco do que assimilei e incorporei à minha prática profissional. Espero que você também faça as conexões mentais necessárias.

Um parêntese importante. Quando fiz esses cursos pensei comigo: "gostaria de ter feito isso há uns 10 anos". Besteira. Tenho quase certeza de que não aproveitaria nem metade do conteúdo apresentado se tivesse feito antes. Era outro momento da minha vida, outra cabeça, outros interesses e outra percepção do mundo.

Fica a dica. Se a epifania (*insight*) não acontecer agora para você, tudo bem. Deixa rolar... *Let it flow*!

O momento "Aha!" (impulsionado por uma explosão de ondas Gama no cérebro), normalmente, acontece quando nos "desconectamos" do problema e permitimos o cérebro relaxar e "respirar".

Você já ouviu falar da teoria do Cérebro Trino de Paul MacLean?

Você já viu um sorvete napolitano, aquele de três cores?

Pronto, resolvido. Acabamos de definir o modelo de camadas do cérebro que adotaremos neste livro. Simples assim.

Entender um pouco sobre a Teoria do Cérebro Trino, ou Triúno – como também é encontrado em alguns artigos – é um ponto importantíssimo para entender um pouco melhor as nossas ações e reações. Entender as nossas reações aos estímulos e as ações decorrentes, é metade do caminho para entender como representamos os processos organizacionais. Sim, essa relação existe e vamos ver como ela se desdobra.

Sem querer/poder explicar a teoria inteira neste livro, vamos ao menos entender as três camadas de cérebro que fazem parte desse estudo e qual a função de cada uma delas.

Segundo o neurocientista Paul MacLean, e de maneira resumida e ludicamente ilustrada por mim, nosso cérebro é composto de três camadas interligadas de "cérebros" (sistemas) distintos.

Nas próximas páginas veremos cada uma dessas camadas, seguindo basicamente uma ordem de **Cérebro Reptiliano**, **Sistema Límbico** e **Neocórtex**.

Não se preocupe, tentarei ser o mais lúdico e sucinto possível ao tratar desse tema. Vamos em frente.

Cérebro Reptiliano

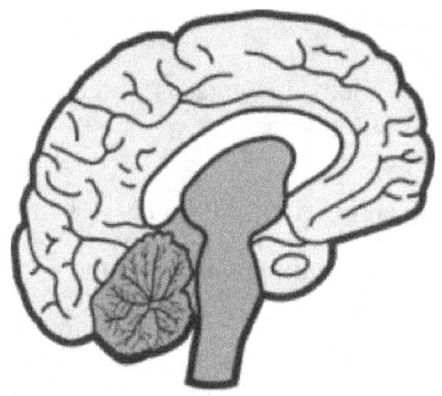

É a camada mais antiga e primariamente desenvolvida do nosso cérebro, cuida basicamente da nossa sobrevivência. É responsável por sensações de fome, medo, controle da temperatura corporal, hormônios e outras igualmente essenciais para manutenção da vida. Essa camada funciona em modo de "piloto automático", não demanda de nós a racionalização ou a tomada de decisão sobre suas atribuições e resultados.

Existe um consenso de que em certas situações, basicamente, o cérebro reptiliano nos traz três tipos de respostas essenciais, os três efes - **3Fs**

(*Flight, Fight or Freeze*) – que numa versão livre para o nosso idioma seria algo como: Fugir, Lutar ou Congelar.

Imagine que estamos observando o comportamento de um jacaré. Essencialmente, suas reações frente ao novo serão sempre: atacar, fugir ou paralisar. Já reparou quantas vezes agimos dessa mesma forma primitiva?

Sistema Límbico

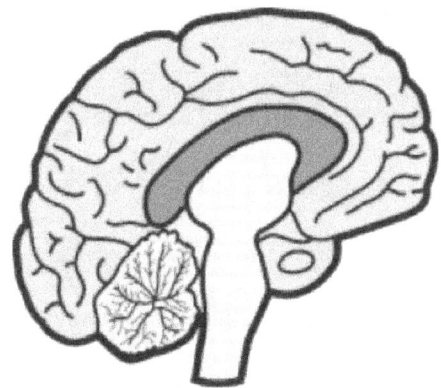

Se precisássemos definir em uma palavra, poderíamos recorrer ao cantor Roberto Carlos e utilizar "emoções". Ok, a piada foi horrível, mas você entendeu o espírito da coisa.

Os mamíferos inferiores (não gosto do nome, mas é como se chama), tais como cachorros e gatos, são animais com essa camada do cérebro (o sistema límbico) já bastante desenvolvida. Por isso desenvolvem afeição aos seus donos, outros animais etc.

Você já viu uma cobra chorando de saudades?

E cachorros?

Agora você já sabe o motivo.

O nome "Límbico" vem da noção de fronteira entre extremos, ou seja, está no limbo entre o cérebro reptiliano e o neocórtex.

Neocórtex

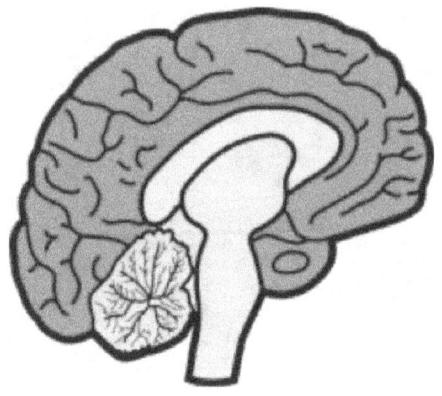

Conhecido como o cérebro dos primatas/mamíferos superiores (nós) – também não gosto do nome, mas não posso fazer nada.

Enquanto o sistema límbico trata de sentimentos e emoções, o neocórtex é responsável pela racionalização dos sentimentos, emoções e suas reações. Dentre outras atribuições, também cuida de linguagem, pensamento abstrato, imaginação e consciência.

Se você já leu algo sobre "Inteligência Emocional", provavelmente, deve ter feito a conexão de que, no final das contas, desenvolver essa inteligência é desenvolver a capacidade de racionalizar o uso das diversas camadas do cérebro de maneira a não ficar demasiadamente reativo, emocional ou cartesiano.

Podemos entender que ter a inteligência emocional bem desenvolvida é:

Ter a capacidade de gerir nossas emoções

de maneira racional e inteligente.

Sequestro sem resgate

Ainda referenciando a inteligência emocional e o *best seller* de mesmo nome, Dr. Daniel Goleman, o autor, utiliza uma expressão bastante interessante, chamada de "o sequestro da amígdala".

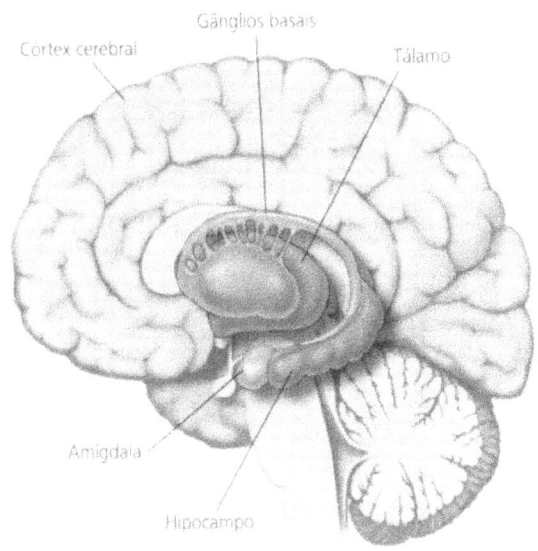

A amígdala cerebral faz parte do sistema límbico e está relacionada à sensação de perigo. Toda vez que estamos diante de uma informação ou situação que nos remete à sensação de perigo, nesse momento, nossa atenção é "sequestrada" pela amígdala cerebral e ficamos "hipnotizados"

27

pela situação. Sofrer um sequestro da amígdala cerebral é o mesmo que perder momentaneamente a razão e ser movido apenas pelo medo. Ao prestar mais atenção na situação de perigo, no fim das contas, estamos tentando descobrir como sobreviver àquela situação.

Trazendo para o nosso dia a dia profissional, quantas vezes nos deparamos criticando ou sendo criticados por ideias e novidades sem nem mesmo saber o verdadeiro motivo?

Talvez, naquele momento, estivéssemos apenas passando por um rápido sequestro da amígdala, que tentava identificar os riscos da situação e, por isso mesmo, estávamos agindo de maneira pouco racional e muito mais relacionada ao medo percebido e vivenciado com a situação.

Sabe aquele colega de trabalho que sempre reage de forma negativa a toda e qualquer novidade apresentada? Será que ele analisou as informações e tirou conclusões racionais ou apenas estava sequestrado, agindo como um desesperado refém da amígdala cerebral?

Mais adiante trataremos de alguns bloqueios que encontramos e vivemos diariamente e, ao entender esses bloqueios, perceberemos claramente a conexão de certas reações com a nossa própria estrutura cerebral e como, de maneira geral, somos pouco hábeis e despreparados para tratar das questões diárias relacionadas a esse assunto.

Se até agora você achou o assunto interessante, sugiro que pesquise, leia ou faça treinamentos mais profundos sobre o tema.

Se você não gostou, sugiro que também leia mais sobre o tema.

Sabe aquelas habilidades que todos deveriam desenvolver?

Relação interpessoal, falar em público, empatia, trabalho em equipe, saber estudar, criatividade etc. A "neurociência para leigos" é viabilizadora e aceleradora dessas e de muitas outras habilidades essenciais.

Ok. Vamos ver o que aprendemos até aqui. Já entendemos que o nosso cérebro é como um sorvete com três sabores, e descobrimos que um pedacinho dele é bem abusado e tem o nome de uma coisa que fica na entrada da nossa garganta. Vimos que, de vez em quando, esse pedacinho, chamado de amígdala, rebela-se contra o sistema e faz uns sequestros para sobreviver. Certo?

Seguindo, vamos entender o motivo pelo qual, certas vezes, temos preguiça de pensar e queremos continuar fazendo sempre a mesma coisa e do mesmo jeitinho... Olha o fluxograma chegando aí!

Cozinha, estoque e consumo

De acordo com algumas teorias sobre a evolução humana, milhões de anos atrás, nosso cérebro pesava pouco menos de 500g e tinha uma quantidade muito menor de neurônios se comparada com a de hoje em dia. Ainda nos primórdios da humanidade, quando passamos a utilizar o fogo para preparar os nossos alimentos, passamos a fazer algo sensacional, chamado cozinhar – que é o equivalente a pré-digerir alimentos. Com isso, conseguimos demandar menos energia de nosso corpo para a digestão e, assim, permitimos o crescimento cerebral, praticamente triplicando seu peso em pouquíssimo tempo.Para você ter uma ideia, um gorila, até hoje, passa em torno de 9 horas do dia buscando alimentos e se alimentando. Sobra pouquíssimo tempo para o seu desenvolvimento e pouca energia para o organismo. Resumidamente, o cérebro trabalha como um grande gestor do nosso consumo de energia.

Se olharmos para a linha do tempo da humanidade e seus milhares de anos, veremos que há apenas alguns séculos passamos a ter alimentos disponíveis sempre que necessário e de maneira abundante. O problema é que o cérebro ainda não sabe disso. A evolução biológica é muito mais lenta do que a social e a tecnológica. Vivemos evoluções exponenciais, mas o nosso DNA não acompanha com a mesma velocidade.

Para promover uma alteração relevante no nosso DNA, a ponto de fazer com que o nosso cérebro "saiba" que não precisamos mais estocar tanta gordura e que ele pode consumir energia com mais tranquilidade, levaremos muitos anos ainda. Mas por que estou falando disso?

Como disse anteriormente, nosso cérebro funciona como um grande **"Gestor do Gasto Energético"**.

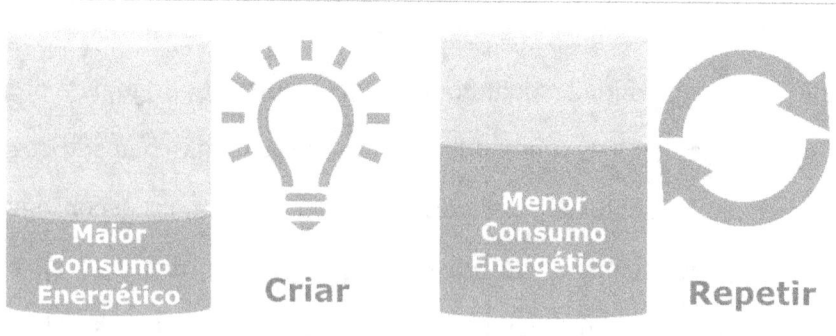

Criar consome mais energia.

Para pensar, criar e adotar coisas novas, demandamos muito mais energia do nosso organismo.

Sendo assim, o cérebro procura utilizar as soluções ou abordagens já conhecidas e armazenadas em nosso grande banco de dados de referências. Ou seja, é fisiologicamente mais interessante para o nosso cérebro repetir fórmulas, padrões e continuar com o *status quo*. Para o nosso cérebro, isso ainda é uma questão de sobrevivência, pois ele ainda não sabe que podemos gastar mais energia.

Reflita sobre isso:

Para o cérebro, não criar novidades é muito melhor e mais seguro.
Para o cérebro, encontrar e repetir padrões ainda é o ideal.

Ou seja, ficar na zona de conforto (ou estagnação) ainda **é natural** e interessante para o nosso organismo.

Ir para a zona de diferenciação **não é natural** e nem interessante.

Enquanto ser humano pensante que você é, reflita sobre esse ponto e responda para si mesmo: não é um pouco incômodo e interessante, entender e aceitar essa nossa "característica" humana?

Eu acho.

Pequenos bloqueios, grandes impactos nos negócios

Percebeu qual revista/programa de TV que inspirou o nome deste capítulo? Se sim, acabamos de fazer mais uma conexão na nossa busca cerebral incessante por referências anteriores e padrões.

Mesmo lendo sobre um tema novo ou diferente, o nosso cérebro não para e continua tentando poupar energia, encontrando padrões e "garantindo" nossa sobrevivência e eficiência energética.

Vamos entender alguns elementos que são causadores e perpetuadores de padrões que nos levam a produzir os ilusórios e, boa parte das vezes, inúteis fluxogramas. Depois de entender os bloqueios, veremos os detalhes dos fluxogramas, seus padrões de criação, utilização e os grandes problemas que existem até hoje nessas abordagens.

Selecionei alguns bloqueios que são bastante recorrentes e, por isso mesmo, possuem grande chance de estarem presentes nos nossos trabalhos até agora.

A ideia é que você, por conta própria, ao final da leitura dos bloqueios, também seja capaz de identificar suas ocorrências. Sem querer antecipar demais as conclusões previstas para essa etapa do livro, tenho quase certeza de que você vai conseguir identificar por conta própria os bloqueios citados – todos "orientando" a sua vida familiar, profissional, pessoal e social.

É realmente incrível o poder que as repetições (rotinas) e os padrões (modelos de referência) exercem em nossas vidas.

Bloqueio 1 – A busca pela resposta certa

Para mim, esse é um dos bloqueios mais presentes na vida das pessoas hoje em dia. É assustador frequentar reuniões, conversas, encontros etc., e ver como as pessoas são vítimas desse cruel bloqueio. Vamos entender.

O que é o bloqueio do "gabarito" ou a busca pela resposta certa?

Quando somos bem pequenos, ainda com nossos 4, 5 ou 6 anos de idade, somos conhecidos como metralhadoras de perguntas. Dizem os estudos e especialistas que uma criança nessa faixa etária é capaz de produzir mais de quatrocentas perguntas por dia (em média). Quem tem filhos sabe o impacto dessa "sabatina" diária a qual somos submetidos por nossos pequenos. Nesse momento, já encontramos uma parte do problema.

É uma dinâmica bastante cansativa para os pais e professores, e isso ajuda a criar um mecanismo de simplificação exacerbada de respostas. As crianças começam a ouvir coisas do tipo: Pare de perguntar! É assim e pronto!

Então, chega um momento na vida escolar da criança em que ela vai começar a responder as perguntas dos trabalhinhos escolares. O modelo educacional tradicional, prussiano e voltado para a produção de crianças e adultos em uma linha de montagem industrial, não prevê ou permite espaço para questionamentos elaborados.

Normalmente, um professor cuida de até 30 crianças em uma sala de aula tradicional. Imagine todas elas perguntando e ponderando sobre tudo que é assunto e ao longo de um dia inteiro... Sendo assim, estabeleceu-se um método simplificado de "pergunta e resposta certa".

Não somos – realmente – ensinados a (1) entender com profundidade a questão e (2) definir qual o problema, para então (3) divergir nas ideias e, ao final, (4) convergir em soluções possíveis.

O método atual prevê que a criança se acostume com a forma de descrição de problemas do professor e, seguindo esse padrão aprendido, procure encontrar rapidamente a mais provável resposta no seu – ainda – pequeno banco de referências (memória). Normalmente, essa é a "única" resposta certa, prevista e desejada. Mesmo que existam outras formas de resolver o problema, até mesmo para agilizar a correção das provas e as atividades em sala, os professores esperam um grupo de respostas prédefinidas – o conhecido gabarito. E assim, o tempo passa, avançamos degrau por degrau, decoramos fórmulas físicas, químicas e matemáticas, inventamos músicas sobre tabelas, memorizamos centenas de datas, mas quase sempre sem nunca entender verdadeiramente a história e o cerne das coisas. Uma loucura!

Então, seguimos série por série, "passamos" de ano, entramos no ensino superior, alguns se formam e, quando entramos no mercado de trabalho, pergunto para você:

"Como estamos resolvendo os problemas e desafios organizacionais que nos são apresentados todos os dias?"

Não é difícil chegar à resposta. Afinal, lembra do cérebro e a sua busca incessante por economia e gestão de energia?

Sim, ele vai procurar por padrões, por informação histórica, não vai querer pensar, ele quer encontrar e acessar o mais rápido possível.

O que isso tem a ver com fluxogramas de processos? Tudo!

A forma como você percebe e representa um processo organizacional é uma consequência da necessidade de (1) achar a resposta certa, pois foi assim que aprendeu desde pequeno – e você não quer "levar zero" por não alcançar a resposta prevista.

Além de querer "gabaritar" no entendimento do processo, você está, inconscientemente, (2) buscando por padrões anteriores para economizar energia. Sendo assim, você vai lá e cria o diagrama mais "conveniente" possível, quase sempre seguindo suas experiências anteriores, lógica e com muita capacidade de recuperação de memórias e informações anteriores. Percebeu?

Bloqueio 2 – O Especialista

E você, é especialista em que?

Aposto que você já ouviu essa pergunta alguma vez e, provavelmente, para responder pensou na sua formação acadêmica ou na função profissional na qual atuou por mais tempo. Sim, esse é o modelo mental que nos foi apresentado e ensinado. Quando você vai se cadastrar em algum lugar ou serviço, normalmente, existe um campo bem pequeno em um formulário dedicado à informação chamada de "profissão".

Imagine que você está fazendo o *check-in* em um hotel, recebe o formulário na recepção e, na hora de preencher, encontra o famigerado campo. O que você escreve?

Eu já não sei o que escrever nesses campos desde 2005. Por isso, a cada vez, busco escrever algo que me pareça interessante e/ou seja mais rápido, tipo "consultor". Esse mesmo fenômeno acontece em momentos de apresentações pessoais, aqueles quando as pessoas perguntam:

"O que você faz?"

Nunca soube e nem sei o que dizer e, até hoje, acabo sorrindo com o canto da boca e meio sem graça. Sinto-me um inútil e totalmente à margem da sociedade nesses momentos... um verdadeiro "renegado".

Bom, por qual motivo estou falando disso até agora?

Simples, a sociedade espera por funções "especialistas" para resolver os problemas do mundo. Porém, precisamos ver o outro lado dessa moeda para ampliar nossa percepção sobre essa grande expectativa global.

Já é bastante divulgado e comentado o modelo "T" de conhecimento e desenvolvimento profissional. Não tem nada a ver com o modelo "T" de Ford.

Não sabe o que é o modelo T de Ford? Anote num papel e depois vá pesquisar. Assim você vai aumentar o seu repertório (*inputs*).

* Fica a dica para todo o livro: sem notas de rodapé! Você precisa ser o protagonista da sua própria assimilação de conhecimentos. Ao pesquisar você reterá melhor a informação.

Resumidamente, o modelo T de conhecimentos é uma projeção sobre conhecimentos aprofundados e conhecimentos mais superficiais. Basicamente, o especialista é uma pessoa com grande conhecimento em determinadas áreas (poucas, mas bastante estudadas). Já o generalista é uma pessoa com muitas áreas de interesse e conhecimento, mas ainda pouco aprofundados. O modelo de conhecimento em T não preconiza que é melhor ser especialista ou generalista. Na verdade, a ideia é promover o equilíbrio entre poucas áreas com grandes conhecimentos e as muitas áreas com conhecimentos mais superficiais.

Conforme nos tornamos mais curiosos por vários temas e áreas de conhecimento, aumentamos o nosso leque de opções de padrões (repertório) e permitimos a entrada de novas informações para o nosso cérebro (*inputs*). Lembra que o cérebro quer sempre economizar energia buscando padrões?

Com o aumento do nosso repertório de *inputs* e padrões, aumentamos a possibilidade de novas combinações para entender e resolver os problemas diários. Essa é uma das grandes vantagens de se manter um olhar curioso sobre as coisas do mundo – o interminável aumento de repertório.

Dependendo da relevância profissional/pessoal de um tema que temos curiosidade, podemos aprofundar um pouco mais o conhecimento e sair do nível de "curioso" para o nível de "estudioso". Tenho adotado essa descrição em meu próprio perfil profissional. Nele cito que sou especialista em alguns assuntos e estudioso em outros. O que ainda está no âmbito da curiosidade fica de fora do perfil.

Um dos principais problemas é que continuamos tolhendo e cerceando a curiosidade de nossos filhos, colegas e profissionais.

Nascemos criativos, curiosos, exploradores e questionadores. Porém, durante nosso crescimento, somos moldados de tal maneira a desaprendermos cada um destes elementos, fazendo-nos fugir da curiosidade e nos deixando alinhados a um padrão social dominante.

A sociedade, os pais, os familiares, a escola, o ambiente de trabalho etc., todos colaboram para que queiramos sempre fazer as mesmas "perguntas certas", e assim, alcançar as mesmas respostas predeterminadas.

Normalmente, e infelizmente, um profissional curioso, quando é muito questionador, é percebido como um incômodo para a equipe e "chefes".

Usando novamente o exemplo, não sou especialista em reaprendizagem criativa de adultos, muito menos um neurocientista, mas sou curioso o suficiente para estudar o tema e tentar aumentar meu repertório de informações (*inputs*) e aplicá-lo nas minhas atividades de profissional especialista.

Quando formamos especialistas sem curiosidade, estamos forçando a perigosa e entediante preponderância de pensamentos com "fixação funcional". Essa fixação funcional é a incapacidade de olhar para um objeto, por exemplo, e não enxergar outras utilidades ou formas de uso para ele. Ficamos presos à função que sempre nos foi apresentada. Um garfo é um garfo, uma escada é uma escada e nada mais, e assim por diante. Nesse caso, as coisas do mundo já estão definidas e nos cabe apenas utilizá-las conforme o "manual de instruções". Dessa forma, pouca ou nenhuma combinação, mimetização ou criação é possível.
Uma enfadonha e triste realidade apresenta-se nesses casos.

Voltando para o nosso universo de processos, diagramas e fluxos, à medida que nos "especializamos" demasiadamente em uma notação, um método, uma tecnologia, um padrão etc., estamos – naturalmente – criando antolhos (restrições) na nossa capacidade de enxergar ao redor.

Estamos limitando a entrada de novos *inputs*. É muito ruim encontrar profissionais tão bloqueados em suas especializações, que se fecharam completamente para qualquer coisa diferente que fuja do seu dia a dia e das áreas de conhecimento que acreditam dominar (zona de conforto).

Não pense que esse profissional é assim apenas no ambiente de trabalho. Pode apostar que ele é assim em todos os momentos da sua vida, pois aquele é o seu modelo mental dominante. Gosto bastante do conceito de "Shoshin" do Zen Budismo – Mente de Aprendiz. Resumidamente, diz:

Na mente do aprendiz existem muitas possibilidades.
Para o especialista, poucas restaram.

Adicionaria ao entendimento do conceito de Shoshin que **diversidade inspira criatividade**.

Aprendemos algumas lições bem ruins ao longo de nossas jornadas profissionais, tal qual acreditar que problemas de uma área precisam/podem ser resolvidos apenas por especialistas dessa mesma determinada área, tal qual a especialização do trabalho mantendo os perigosos silos funcionais. Ouvimos de pais, professores, colegas e chefes que devemos ser especialistas e evitar distrações com outros temas e áreas. Mantenha o foco, ouvimos a todo o momento.

Não estou dizendo que ter foco é ruim, pelo contrário. O problema é manter o foco sempre no mesmo ponto.

Quando estamos trabalhando com processos, uma das armadilhas mais comuns é a pseudocerteza oriunda de nossa especialização. Precisamos de *inputs* diversificados. Outros profissionais, outras áreas, outras vidas e experiências que, ao participarem das ações, enriquecerão o entendimento do problema e suas possíveis – quase infinitas e não prédefinidas – novas soluções.

Bloqueio 3 – A Tradição

Você sabe por que até hoje o seu teclado é "QWERTY"?

Há muitos anos, por volta de 1860, diz-se que, com a criação da máquina de escrever, foi preciso desenvolver um mecanismo para reduzir a possibilidade de travamento mecânico das hastes com as letras, pois à medida que o datilógrafo aumentava sua habilidade e velocidade, mais travamentos aconteciam. Assim, depois de muita tentativa, foi verificado que, para a língua inglesa, o posicionamento das letras no teclado deveria seguir o padrão que você utiliza até hoje – e não seguir a ordem alfabética ou outra qualquer.

Outros modelos foram desenvolvidos após o estabelecimento e adoção do QWERTY, nenhum teve tanto sucesso. Talvez, um dos principais motivos seja "sempre foi assim". Você, eu, e quase todo mundo, ao utilizar o teclado do computador no dia a dia, não parou para verificar se outro arranjo de letras seria melhor para o seu desempenho na digitação, se reduziria lesões por esforço repetitivo ou outra coisa qualquer. Apenas o utilizamos.

Aliás, já parou para pensar que não existe a menor lógica em continuar utilizando esse teclado? Não existe mais a necessidade mecânica do equipamento que justifique a sua permanência.

Esse é apenas um breve exemplo do poder das tradições ou, melhor ainda, das coisas que continuam sendo feitas sem que questionemos minimamente os seus motivos.

Uma vez estava iniciando um projeto de BPM em uma organização no Brasil e, na primeira semana no cliente, tivemos uma reunião com a "área responsável" pelos processos organizacionais.

* Permita-me abrir um pequeno parêntese nesse momento. O nome "área responsável" já é algo engraçado e anacrônico por si só. Processos são de responsabilidade de todos os membros da organização e não apenas de um escritório ou área. Quando a organização delega para uma área essa responsabilidade, já temos uma forte evidência de que continuamos com uma abordagem antiga, mesmo tendo trocado alguns nomes e siglas, mas isso não faz o menor sentido hoje em dia.

Nessa reunião com a "área responsável", ouvi coisas assustadoras que nem gosto de lembrar muito para não ter pesadelos.

Ouvi que não poderíamos mudar a notação utilizada pela área de processos, pois estava definido no manual que a notação deveria ser aquela, que não poderíamos mudar a forma de produzir os documentos dos processos, que deveríamos adotar o padrão institucional estabelecido e homologado. E, finalmente, ouvi que deveríamos seguir o método e as definições de gestão de processos e de qualidade que a organização definira anteriormente. Na hora, tive apenas uma pergunta a fazer para o responsável: Por que não? Preciso dizer que a resposta recebida foi totalmente embasada na "tradição" organizacional e no *status quo* dos profissionais envolvidos?

Resumindo, tive o cuidado de apresentar as vantagens e os ganhos de algumas mudanças necessárias para avançar. Ao final de quatro semanas, já estávamos utilizando outra notação, outro método, gerando outra documentação e revendo boa parte das práticas "históricas".

Esse exemplo, apesar de parecer radical, é mais comum do que imaginamos até hoje. É incrível o número de "áreas responsáveis" lutando para manter o que sempre foi feito.

A zona de conforto (não gosto desse nome, prefiro zona de estagnação) já foi mantida por muito tempo. Os tempos são outros e a velocidade das mudanças não é a mesma que há 10, 20 ou 30 anos. Precisamos questionar sempre se estamos diante de uma abordagem "antiga" ou apenas "velha". Imagine que a antiga é algo histórico, cultural e tem algum valor.

No caso da abordagem velha, provavelmente, estamos diante da pior versão da tradição, apenas mantendo o que nunca funcionou, mas que ainda tem algum poder de convencimento e causa medo ao se pensar no desafio da mudança necessária (lembre-se da amígdala).

Nós, profissionais de processos, precisamos promover essa avaliação, esse questionamento. É mais que uma questão profissional, é nossa obrigação moral desenvolver novas habilidades para manter e evoluir a competitividade organizacional.

Quando você ouve de colegas que, num momento de crise, a organização achou interessante encerrar as atividades da "área de processos" e demitiu os funcionários, não tenha dúvida: essa organização era refém de uma tradição velha que não trazia resultados e nem ajudava a resolver o menor dos desafios e problemas diários.

Provavelmente, os "profissionais de processos" que lá atuavam estavam muito mais preocupados em criar projetos infinitos e lentos para fazer levantamento e documentação de processos, em vez de – realmente – ajudar gestores e lideranças a alcançar informações relevantes para tomada de decisão, melhoria e transformação organizacional. Acredite, ainda temos muitos profissionais agindo assim, e pior, eles gostam de se justificar dizendo que o chefe é que não entende o valor da gestão de processos.
Você já ouviu isso antes?

Eu diria para você:
"Não são os chefes que não entendem o valor. Você é quem não consegue produzir, entregar e demonstrar valor com seu trabalho muitas vezes burocrata e documentador infinito de processos. Mude a sua abordagem, pare de repetir a mesma receita e veja o bom resultado brotar nas mentes e corações das lideranças organizacionais."

Bloqueio 4 – A Lógica

Será que o diagrama de processo que estou produzindo faz sentido? Tem lógica?

René Descartes, considerado o pai da filosofia moderna, 500 anos atrás, numa visão dualista, disse:

"Penso, logo existo."

Essa frase trouxe para o mundo ocidental uma visão de dominância da mente sobre o corpo. Quando alguém está sendo extremamente lógico e racional, dizemos que está sendo cartesiano. Com a propagação desse pensamento no Ocidente, criamos uma supervalorização da lógica na sociedade, porém, nem sempre foi assim. Se considerarmos Confúcio (2500 anos atrás), podemos aceitar uma de suas célebres frases:

"O que destrói a criatividade
é o senso de ridículo."

A lógica não dá saltos, ela segue de um passo para outro de forma linear. A sociedade ocidental acredita que a lógica é uma de suas maiores conquistas e virtudes, sendo que, para o mundo oriental, a sabedoria que vem da intuição e percepção são temas tradicionalmente desenvolvidos.

Por que estamos falando disso?

Quantas vezes procuramos encontrar lógica na hora de representar os processos como eles são (*As Is*)? Se não encontramos, tentamos encontrar algo que faça sentido naquela operação ou, pior ainda, por conta própria, deduzimos, intuímos e modelamos, como se aquilo fosse uma representação da realidade operacional da organização.

Quando chego nesse ponto da conversa, imediatamente me vem à lembrança uma piada sobre mergulhadores. Quem já mergulhou deve conhecer. É assim: existem dois tipos de mergulhadores: os que fazem xixi na roupa de mergulho durante o mergulho e existem os mentirosos.

No mundo dos processos, poderíamos criar uma versão do tipo:

Existem dois tipos de modeladores de processos: os que utilizam a própria lógica para modelar conexões que não existem e existem os mentirosos.

Sim, é um exagero de minha parte, mas você entendeu o recado. É muito comum você encontrar modelos de processos que não têm a menor relação com a realidade operacional daquilo que eles tentam representar. Qual o problema disso?

Ora, se estamos no momento do *As Is* (momento de entender o modelo do processo atual - vigente), você está produzindo um diagnóstico errado. É como aceitar o resultado dos exames médicos de uma pessoa saudável e, com eles, tratar alguém diferente e que está doente. Se estamos no momento do *To Be* (momento de projetar o novo processo), será que o modelo tem condições de se tornar realidade ou é apenas uma abstração lógica de um desejo inviável?

Gosto de pensar e dizer o seguinte:

Precisamos provar que estamos errados o mais rápido possível para, finalmente, encontrar o que falta para o progresso.

Pense nisso:

Todos os modelos possuem erros.

Alguns, além de erros, possuem utilidade.

Bloqueio 5 – O Subentendido

Um problema sempre possui partes implícitas, às vezes imperceptíveis, e outras partes explícitas e percebíveis por quase todos (explícitos verdadeiros). A resolução dessa equação complica-se quando, a deficiente definição do problema (do desafio) faz com que, simplesmente, ocupemos as lacunas existentes nesse entendimento com informações pressupostas ou subentendidas.

No trabalho com processos, ao definir os problemas precisamos alcançar o máximo possível de informações reais (explícitas ou implícitas).

A dificuldade está em utilizar os pressupostos recebidos do emissor e minimizar os subentendidos do receptor, pois neles temos boa parte das causas de distorções que encontramos nos fluxos de processos – são os ruídos nas comunicações interpessoais.

Mais uma vez, um dos grandes problemas dos trabalhos com representação de processos se faz presente sempre que, em vez de buscar mais informações sobre o que não está claro, ocupamos as lacunas dos problemas com o que achamos/acreditamos (o implícito subentendido).

Uma breve contextualização sobre os implícitos pressupostos e os subentendidos:

Pressuposto

Surge na forma como o emissor transmite a mensagem e estatisticamente tende a ser mais verdadeiro que o subentendido.

Exemplo: Amanhã continuaremos o trabalho.

Não está dito (posto) objetivamente, mas, se digo que amanhã "continuaremos", pressupõe-se que hoje nós já trabalhamos.

Subentendido

Surge na forma como o receptor interpreta ou "acha" que é verdadeira a informação. Exemplo:

Na frase "João está feliz hoje", onde está o sujeito da frase?

Resposta: No bar.

Boa essa piada, não?

Ok. Chega de piada.

Um exemplo verdadeiro de subentendido:

Alguém diz para você que o processo começa quando chega um pedido.

Subentendemos que o pedido é entregue para o receptor, porém, pode não ser verdade. Será que, na verdade, o receptor não precisa procurar pelo pedido, deixando de ser passivo no processo para exercer uma ação que viabiliza o verdadeiro gatilho do processo?

Esse é um exemplo clássico de uma anomalia encontrada em praticamente 99,9% dos fluxogramas e modelos de processos que existem pelo mundo. Sem exagero!

Quando você questiona essa "abstração" do subentendido para quem modelou o processo, o profissional diz que é assim mesmo que ele faz. Caso contrário, ele precisaria ficar levantando e detalhando muita informação e ele não tem tempo para isso... Ora bolas! Qual a utilidade desse seu fluxograma que não representa nada da realidade?

Você vai usar esse fluxograma mentiroso para ensinar alguém a trabalhar? Só se for para ensinar como as coisas NÃO acontecem.

Você vai usar esse fluxograma cheio de subentendidos para fazer um diagnóstico de capacidade, custos, distribuição e alocação de trabalho? Obviamente, também NÃO serve para isso.

Durante o levantamento, a modelagem, a análise e o projeto de melhoria dos processos, precisamos aprender a transformar o implícito pressuposto e subentendido em "verdade explícita", por meio de verificação e análise crítica. É algo como converter o "subentendido" em "superentendido" (o tácito em explícito). Boa parte das vezes que as soluções dão errado, a causa está na equivocada ou desmedida "liberdade criativa" usada para o entendimento de um problema.

- Deduzimos (imaginamos) que o problema era esse.

Essa é uma resposta bastante comum quando encontramos ações com muita liberdade criativa utilizada no momento de entendimento do problema. Sendo assim, pense no seguinte:

Imaginação é melhor utilizada na definição de soluções
e não na definição de problemas.
Para definição de problemas, o melhor é a investigação.

Quanto melhor for a definição do problema, mais fácil será a tendência de criar boas soluções. Como diria John Dewey, filósofo americano:

"Um problema bem definido é metade da solução."

Só mais um exemplo recente para encerrar essa etapa. A plataforma Innocentive.com recebe desafios e utiliza o *crowdsourcing* (trabalho de várias pessoas e de maneira distribuída) para solução de problemas complexos nos meios científicos e técnicos.

Em um artigo para a Harvard Business Review, o CEO da plataforma (Craig Jones) diz que eles já receberam mais de dois mil problemas complexos e, em pouco tempo, conseguiram resolver mais da metade deles. Palavras de Craig Jones sobre o resultado alcançado:

"Agora sabemos que o rigor com o qual um problema é definido
é o fator mais importante para
a descoberta de uma solução adequada".

51

Uma boa prática, ainda pouco utilizada pelos profissionais de gestão ao analisar os processos, é tentar criar uma "frase perfeita" e que melhor defina o problema ou desafio.

O esforço para criar essa frase perfeita provoca contínua investigação e entendimento mais profundo sobre o problema, reduzindo muito o espaço para achismos e outros subentendidos. É muito comum encontrar profissionais tentando preencher as lacunas dos problemas nos processos utilizando seu conhecimento anterior, suas especializações sobre o assunto e repetindo seus padrões pessoais e profissionais. Você se lembra do cérebro que não quer gastar energia?

Entendendo os Fluxogramas

Mesmo que você utilize no seu dia a dia os elementos dos fluxogramas, é muito importante que você leia com atenção essa parte do livro, pois, de acordo com a proposta original desta obra, vou explicar o que consideraremos como fluxograma de agora em diante.

Visão geral sobre um fluxograma

Se você procurar em livros ou pela internet, vai encontrar informações e definições variadas sobre a origem dos fluxogramas (*flowcharts*), os seus elementos, como utilizar, onde surgiram etc. Repetir essa informação aqui não é o meu objetivo. Mostrarei apenas o que realmente importa para identificar e, obviamente, ajudar a evitar a reprodução e a proliferação indiscriminada de mais fluxogramas pelo mundo. Precisamos acabar com esse desequilíbrio provocado pela ação do homem. Vamos combater o que venho chamando de "**Demência Fluxo-Lógico Antropogênica**".

Sendo assim, e de maneira geral, podemos entender um fluxograma como a representação gráfica de lógicas, algoritmos, procedimentos, problemas, processos, informações ou sistemas. É tão genérica a sua utilização que muitos acreditam nascer sabendo fluxogramar e, dada sua facilidade, desenvolvemos ao longo do tempo grandes habilidades para criar representações estapafúrdias de toda e qualquer coisa nas organizações. Até mensagens de natal eu já vi sendo compartilhadas na forma de fluxogramas. Em um fluxograma tradicional, suas etapas ou módulos são ilustrados de forma encadeada por meio de símbolos geométricos interconectados. Vamos observar um exemplo de fluxograma que encontrei

53

na internet. Por que não produzi um exemplo para o livro? Não consigo mais fazer fluxogramas. Perdi totalmente essa "habilidade" há mais de 9 anos e nem pretendo reaprender.

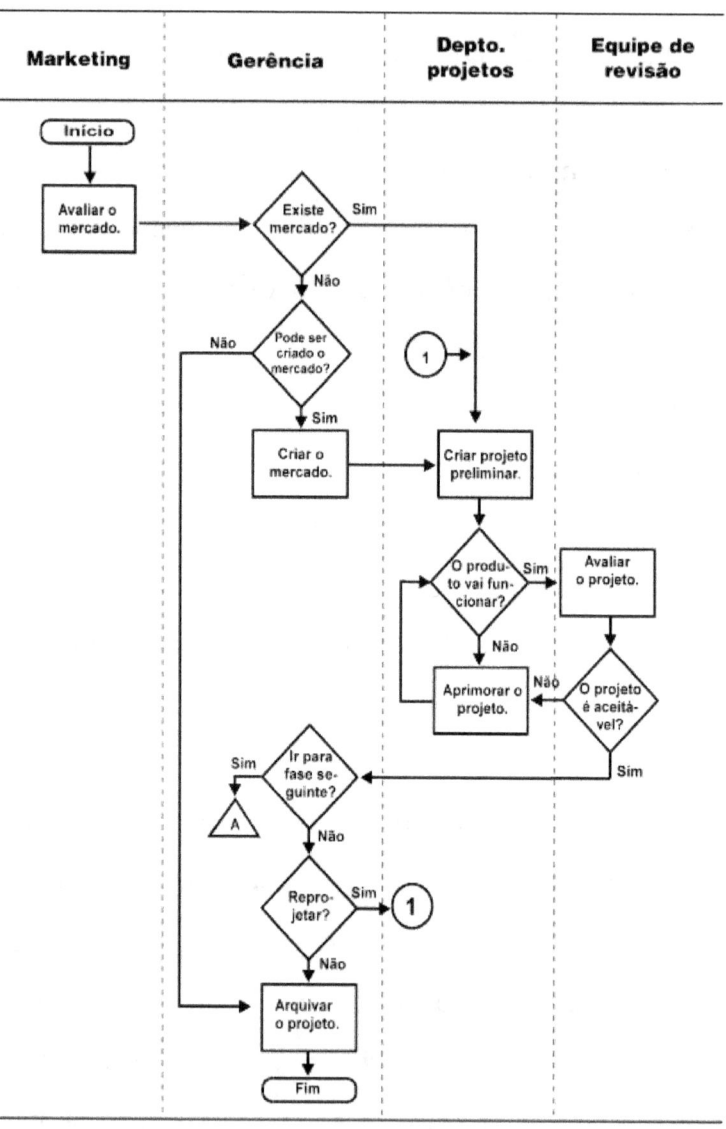

Após observar o fluxograma original, vamos analisar cada um dos sete pontos em destaque.

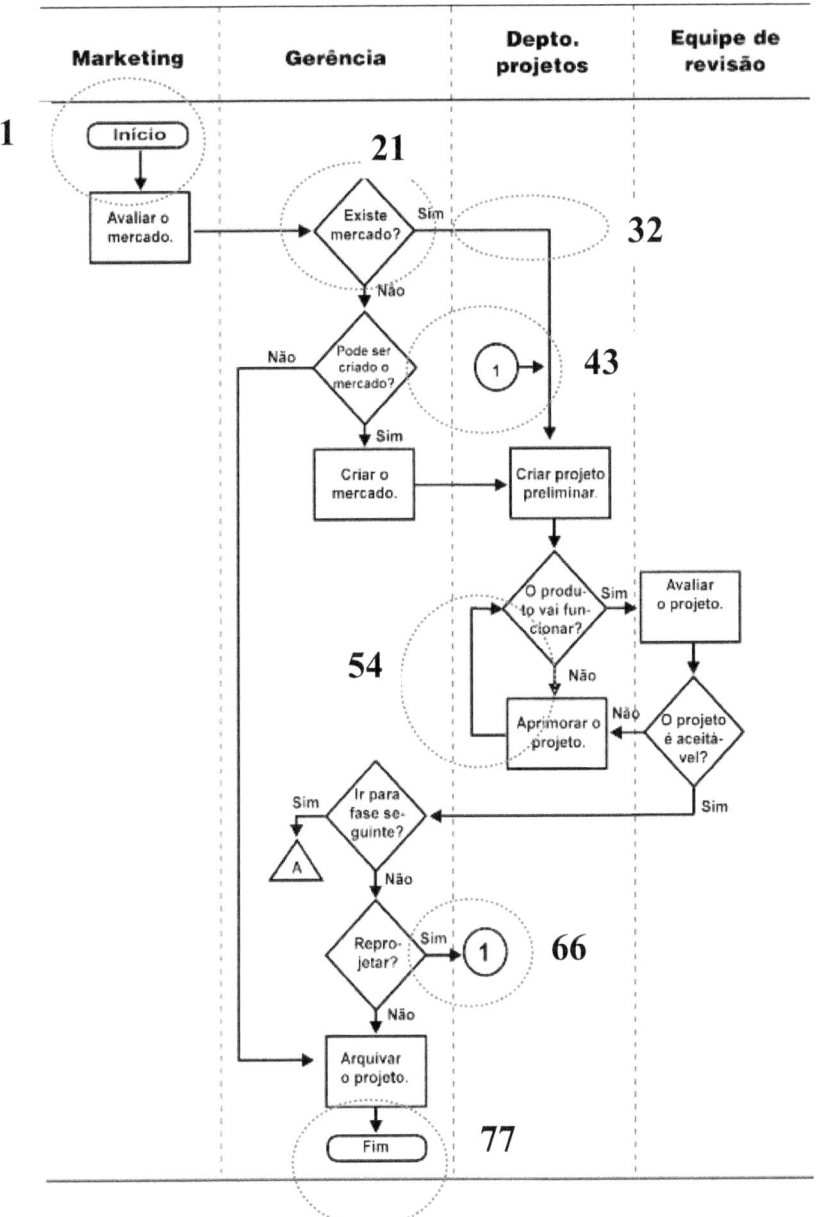

1– Início

Para o fluxograma da página anterior e para o seu diagramador, considerar que ali é o início do processo faz todo sentido. Como se o processo fosse uma corrida, no fluxograma se busca representar a largada (início) e a chegada (fim).

Se você não está modelando uma corrida, te pergunto, faz sentido isso?

Será que o profissional envolvido na primeira atividade após o início é, realmente, informado (sensibilizado) de que está na hora dele agir?

Será que ele recebe toda a informação necessária para iniciar o trabalho?

Ou ele, na realidade, antes de fazer a primeira atividade apresentada no fluxograma (Avaliar o mercado), vai precisar correr atrás de um monte de coisas para depois poder fazer o trabalho?

Onde isso está claro no fluxograma? Onde está evidenciado que o gatilho do processo não está bom? Início não é gatilho. É apenas uma abstração lógica superficial e ilusória de que naquele ponto começa o processo.

Quando alguém olhar para esse fluxograma vai pensar: Ok. Entendi.

Mentira. Não entendeu nada e acabou de ser enganado.

Sem sombra de dúvida, posso afirmar que, qualquer verificação mais detalhada no processo vai evidenciar que o tal "início" não funciona e ainda é uma causa de muitos problemas mais adiante, comprometendo a produtividade do processo. Simples assim. Pode apostar.

Não acredita em mim?

Ok. Pegue um fluxograma qualquer e pergunte para o "início" dele: Como é que começa o processo?

Só isso.

Na terceira, quarta ou quinta vez que você fizer essa mesma pergunta, provavelmente, estará próximo do verdadeiro início (o gatilho).

Se não fizer isso, continuará olhando para esses esquemas de contos de fadas – "lúdicos", alguns diriam – e vai ficar tentando imaginar o motivo pelo qual nada funciona direito, apesar de tudo estar tão lindo e ser constantemente "fluxogramado" na empresa.

2– Existe Mercado?

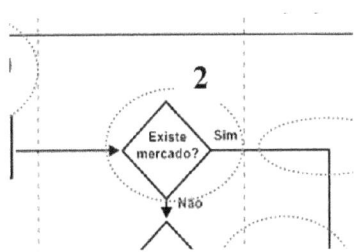

Em fluxogramas (independentemente da notação), esse elemento no formato de losango, normalmente, é interpretado como uma "decisão". Ou seja, na lógica da fluxogramação, tal elemento representa um ponto onde existe uma tomada de decisão. Parece bastante razoável e óbvio, se não fosse mais uma grande fonte de problemas e mal-entendidos.

Pergunto para você, quem está tomando essa decisão? É uma pessoa ou uma máquina?

Quais são as informações e regras utilizadas?

Quais são as ações necessárias?

A decisão simplesmente brota na mente do decisor?

Perceba que, ainda seguindo a prática comum de mercado para a criação de fluxogramas, é bastante recorrente você encontrar as decisões movidas/transportadas para outras "raias" (no exemplo foi chamada de "gerência"), como se a decisão acontecesse de maneira indepentente de uma ação, como se não precisasse ser feita por uma pessoa ou um sistema (*software*).

Não faz o menor sentido continuar representando assim um dos pontos mais importantes dos processos – a tomada de decisão. Se a tomada de decisão, naquele ponto do processo, não está 100% automatizada, diga-me – honestamente – se nesse fluxograma está evidente quais são as ações necessárias para a "gerência" tomar a decisão. Veja lá.

É a superficialidade de informação oriunda do "subentendido" (lembra dele?) perpetuando uma ilusão que nasce da interpretação livre (achismo) de questões mal elaboradas e sem investigação suficiente. Gravou isso?

Qual a utilidade dessa representação em um diagnóstico de processos?

Qual a utilidade dessa representação para o entendimento do processo?

Respondo para você: Nenhuma!

Novamente, o fluxograma foi utilizado e funcionou apenas para explicar superficialmente, e de maneira bastante abstrata, talvez até errada, quem deveria tomar a decisão.

Em BPMN, por exemplo, repetir essa mesma abordagem de modelagem de decisão "estilo fluxogramas" é, se permite a breve intervenção poético-enfática, equivalente a pisar, bater, massacrar, mastigar, cuspir e depois jogar fora toda a notação.

Veremos como reduzir esse massacre adiante no livro.

3 e 5 – "Setinhas"

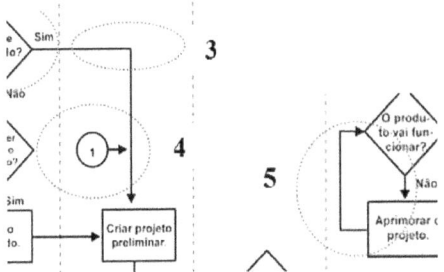

Muitos chamam esse elemento de fluxo, mas boa parte dos profissionais ainda chama de setinha. Fale a verdade, você sabe que sim.

Bom, esse elemento é bastante curioso, pois muitos acreditam que ele serve para definir a "posição espacial" do próximo elemento do fluxo num eixo x,y, mas, não é bem assim. Deveria ser utilizado para representar a lógica de sequenciamento entre as etapas do fluxo. Só isso.

Até aí, tudo bem, mas o problema surge quando as pessoas utilizam as "setinhas" para criar sequências repetíveis de trabalhos (*loops*) e, indiscriminadamente, atribuem características robóticas aos seres humanos envolvidos nos trabalhos, transformando todos em ciborgues da burocracia organizacional institucionalizada. Vou explicar.

Quando você cria um *loop* de trabalho (conforme o número 5 do fluxograma), está representando que aquela determinada sequência de trabalhos vai acontecer até a condição prevista de saída se tornar verdadeira.

A minha primeira pergunta nesse caso é: você está especificando a funcionalidade de um *software/hardware*? Não?

Sendo assim, não faz o menor sentido essa abordagem. É você, novamente, utilizando um fluxograma para tentar explicar para o próximo colega que vai ler: "você só termina aquele trabalho quando ele acabar".

Ou você está dizendo que o trabalho vai ser realizado por uma máquina? Se sim, ok. Máquinas podem trabalhar em *loop* até alcançar uma condição determinada.

No exemplo do número cinco do fluxograma, chega a ser engraçado ler o fluxo.

"O produto vai funcionar?", setinha de *loop* com não escrito, "Aprimorar o projeto", volta para a decisão, pergunta novamente e assim vai.

Desculpe pela sinceridade, mas isso é bastante inútil quando está fora de uma lógica de programação de *software*. Se você está falando de trabalhos realizados por seres humanos, no mínimo, você já se esqueceu de considerar uma coisinha chamada "interrupção". Um ser humano normal não trabalha sem interrupção! Nessa forma de fluxograma, parece que isso não faz a menor diferença. Ledo e terrível engano.

Para produzir um diagnóstico poderoso, quando estiver fazendo uma boa investigação, é nas interrupções que você vai encontrar muitas das causas de problemas nos processos. Pode acreditar.

Novamente, eu te pergunto: qual a utilidade dessa representação em *loop* para um bom diagnóstico de processos?

Qual a utilidade dessa representação para o entendimento do processo?

Qual a proximidade da verdade e da realidade operacional do processo esse tipo de *loop* alcança em sua representação?

Respondo já para você: Nenhuma!

Aí, depois de um tempão investido em levantamento e modelagem de processos, você entrega um fluxograma com essa forma de representação para o seu cliente e ele pensa: se está tudo tão certo aqui nesse *loop*, por que nada funciona direito e estamos perdendo nossos clientes, prazos etc.?

Resposta mais adequada: é porque estamos nos enganando o tempo todo.

O fluxograma não tem nada a ver com a nossa realidade operacional, chefe. Fizemos só para explicar. É só para documentar o funcionamento, diriam alguns.

Qual a utilidade real disso?

Pense no seguinte:

Se fazer fluxogramas fosse <u>verdadeiramente</u> útil, há algumas décadas não teríamos esses resultados tão ruins e até absurdos nas organizações. Estou exagerando?

Só quem vê valor e gosta de fluxogramas é o próprio profissional de processos. Depois não vai reclamar que o chefe e os clientes não percebem o valor na gestão por processos, que o chefe não entende etc.

Ora, isso não é gestão por processos, é só mais um velho e inútil fluxograma – mesmo que você já esteja utilizando BPMN 2.0.

Nesse caso, nem a mentalidade e muito menos a proposta de valor foram atualizadas o suficiente para produzir o que é preciso. Atualizar a sua percepção profissional de entrega de valor é um passo crucial para qualquer profissional que trabalha com processos ou gestão. Chega de entregar o mesmo e esperar novidade.

4 e 6 – Conectores

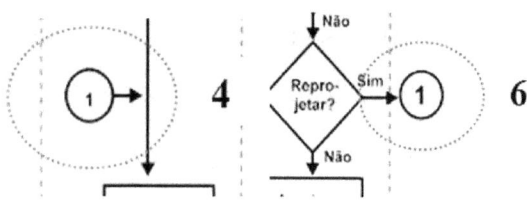

Se você ainda continua usando esse elemento, pare tudo!

Respire fundo e siga as instruções a seguir com muita atenção.

Primeiro, coloque as duas mãos sobre uma superfície plana. Depois, levante bem alto o braço que você não usa para modelar e espalme a mão. Agora, com essa mão espalmada, dê um tapa bem forte nessa sua mão do mal – modeladora de processos com conectores e links.

Precisa fazer aquele estalo bem alto! Fez?

Não vale dizer que você não precisa fazer isso, pois não usa mais esses conectores, pois agora está usando o "link" da BPMN! Isso é a mesma porcaria. Pode bater na mão. Bateu? Pronto, agora vamos em frente.

Os conectores já tiveram alguma utilidade nos primórdios da humanidade modeladora de processos (*homo-modelaerectus*).

Nesse período pré-socrático-fluxogramal, os processos eram criados em formato A4 e precisavam ser impressos. Após a impressão desenfreada e voluptuosa de processos em A4, entregava-se o que era conhecido por "Manual de Processos". Felizmente, já estamos no século XXI e há pelo menos uma década essa prática já não é mais necessária ou desejada. Se ainda existem *homo-modelaerectus* produzindo manuais de processo em A4?

Sim, certamente, pois são seres resistentes, resilientes e com o DNA preparado para continuar mais mil anos fazendo o de sempre (zona de estagnação).

Brincadeiras à parte, a intenção não é ofender, mas provocar o nobre colega leitor e, quiçá, profissional da área. Afinal, se eu não puder fazer isso, para que então vou escrever sobre isso?

Seria bem mais fácil eu não me expor tanto, não propor nada de novo e deixar tudo como está. Você pode até jogar fora este livro, acender uma bela fogueira e voltar para a segurança da sua caverna... Percebeu a conexão ancestral com o *homo-modelaerectus?*

Continuar repetindo os padrões é sempre confortável e fisiologicamente mais interessante para o nosso cérebro – lembra do início do livro?

Resumindo a história dos conectores, não precisamos e nem devemos continuar utilizando esse artefato/artifício, pois os processos podem ser modelados na horizontal, digitalmente, sem os limites tradicionais de tamanho de folhas e, principalmente, não precisam/devem ser impressos

63

para virar manual. A tecnologia nos permite eliminar esse trabalho enfadonho e comumente subutilizado. Sabemos que a maioria dos manuais de processos vai parar em gavetas e prateleiras onde nunca mais serão lembrados ou consultados. Para que investir tanto tempo e recursos em algo sem utilidade prática real?

Esses fluxos passarão o resto de suas existências no limbo metafísico que existe entre o orgulho da criação e a inutilidade prática.

Ainda sobre os conectores do fluxograma e "links" da BPMN, mais um ponto de atenção:

Se o seu fluxograma/diagrama de processos está complexo, muitas "caixinhas", está cheio de vai e volta, muitas "setinhas" conectando pontos distantes dos processos... sinto informar novamente, mas, provavelmente, sua representação está bastante equivocada.

Um processo com conceitos modernos, utilizando BPMN 2.0, seguindo princípios de composição, reutilização, mensageria, subprocessos, eventos intermediários etc., por mais atividades que possua, nunca demanda a inserção de um desditoso "conector". Fica a dica.

7 – Fim

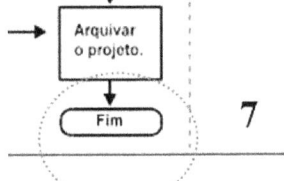

Foi bom pra você?

É o fim do processo, acabou e pronto! Será mesmo?

Mais um problema dessa abordagem de fluxograma: utilizar um elemento gráfico que tem a função de evidenciar que o processo terminou.

Será que acabou a instância?

Qual foi a instância e de qual cenário de realização?

Qual foi o resultado alcançado ao chegar ao "fim" dessa corrida?

Será que o processo só produz um resultado?

Mesmo após percorrer todo o longo caminho, enfrentando a distribuição do trabalho com envolvimento de vários participantes diferentes (*handoffs*), inúmeras e não representadas interrupções, falta de informação, inconsistências e vários outros problemas, será que só temos um resultado no processo (um evento final)?

É praticamente impossível dizer que sim, o processo só produz um resultado. E os pequenos e até indesejados resultados ao longo do caminho?

E os processos que possuem instâncias com longa duração, podendo levar meses e anos para chegar ao "fim"?

Ao tentar responder essas poucas perguntas, tenho certeza de que também causei em você certo incômodo, pois se torna cada vez mais evidente como, dessa maneira, é superficial, inconsistente, inútil e ilusória a utilização do elemento "fim". Novamente, é a tentativa de representar um processo numa lógica perfeita, idealizada e ilusória de realização.

Você ainda lembra dos bloqueios de que vimos, **"resposta certa"**, **"especialista"**, **"tradição"**, **"lógica"** e **"subentendido"**?

Sim, eles se fazem presentes em praticamente todos esses elementos que acabamos de analisar no fluxograma. Mais ainda, boa parte das vezes, são os verdadeiros incentivadores da estagnação desse modelo mental que nos joga numa corrida ilusória e sem valor. Sempre representando os fluxogramas como se fôssemos uma metralhadora que dispara lógica inquestionável em quem tiver coragem e ousadia de parar na frente e perguntar.

Estamos chegando na parte do livro em que apresento outra abordagem para a modelagem de processos. É uma abordagem desenvolvida por mim para quando precisamos representar algo bem mais próximo da realidade e, por isso, é chamada de "Modelagem da Verdade".

Espero que já tenha ficado claro que o fluxograma, como temos utilizado nas últimas décadas, no máximo, ajuda-nos num entendimento inicial e superficial sobre um processo, mas mesmo assim, ainda um entendimento com muitas lacunas e ressalvas que precisam ser feitas.

Se você pretende continuar utilizando fluxogramas no seu trabalho com processos, isso é uma decisão sua. Porém, uma coisa posso te afirmar: Você nunca vai alcançar o nível de clareza e utilidade que alcançamos quando utilizamos BPMN e a Modelagem da Verdade combinados.

Finalizando, e para me manter *"up-to-date"* com os efêmeros jargões de mercado, espero que as próximas páginas ajudem você a alcançar essa tão desejada "transformação disruptiva" na modelagem de processos organizacionais.

IMPORTANTE

A partir deste ponto do livro, trataremos de processos com uma abordagem/ perspectiva de dentro para fora das organizações (*inside-out*). Essa perspectiva continua sendo extremamente importante, já que adotar outro ponto de vista é uma questão estratégica e pouco realizada até o momento.

Processos que abrangem e representam a **jornada do cliente** são representados de maneira bem diferente da que estamos acostumados, pois são processos vistos de fora para dentro das organizações (*outside-in*). Esse é tema do meu próximo livro (A Jornada do Cliente), previsto para 2020 e que trará para o público o **Canvas da Jornada do Cliente e Integração de Processos (CJPI Canvas)**.

O CJPI Canvas foi construído após projetos e estudos na área e, em 2014, comecei a ensinar também em meus treinamentos e algumas edições do *Management Evolution Workshop*. Além do *canvas* para jornada do cliente, o novo livro também ensinará como construir jornadas e soluções seguindo 8 passos estruturados, cobrindo desde os princípios e fundamentos de Foco do Cliente (*outside-in*), até a definição de personas de clientes, os passos da jornada, as hipóteses, os tipos de mudanças e os mais diversos princípios relacionados às experiências positivas.

Sendo assim, para continuar com a leitura deste livro, peço que ainda mantenha a configuração do seu modelo mental na perspectiva de dentro para fora (*inside-out*) e avançaremos na percepção de incríveis oportunidades de ganho e melhoria – mesmo que ainda olhando dentro das empresas.

Acredite, existem excelentes oportunidades escondidas nos ilusórios fluxogramas produzidos e abandonados todos os dias. Só precisamos investigar melhor, afinal, um problema bem definido é metade da solução. Lembra?

Quatro pontos

1- Pouca Medição de Valor de Processos em BPM

Em 2013, quando escrevi o meu terceiro livro, "Medição de Valor de Processos para BPM", imaginei que entregaria uma grande ferramenta prática para os profissionais de processos, consultores e para outras funções relacionadas à gestão organizacional. No entanto, após alguns anos e muitos *feedbacks* de colegas, percebo uma incômoda demora para que o livro se torne uma "fonte de referência" – conforme eu imaginei inicialmente.

Já ouvi que o nome da obra tinha pouco apelo de leitura, pois, aparentemente, seria algo muito denso, "trabalhoso" de ler e que demandaria muita atenção do leitor. Preciso concordar. É um livro para ser lido, testado e aplicado. Por esse mesmo motivo, desenvolvi todos os exercícios práticos e disponibilizei em um site exclusivo, contendo toda a correção e várias gravações em áudio contendo minhas explicações – tudo disponível para ser consultado a qualquer hora.

Tenho muito orgulho dessa obra, mas sei que sua adoção pelo mercado ainda está longe da ideal. Sendo assim, resolvi extrair e complementar um dos capítulos mais importantes do livro para criar uma nova obra exclusiva. Estou falando da Modelagem da Verdade (capítulo 4 do Medição de Valor de Processos para BPM - MVPBPM).

Portanto, e a partir deste ponto do livro, você aprenderá a mais recente e madura versão da modelagem da verdade – originalmente publicada na primeira edição do MVPBPM.

71

Se você leu o MVPBPM, perceberá que este livro traz muitos elementos novos e complementares, tais como neurociência, bloqueios mentais e várias outras explicações sobre BPMN e a Modelagem da Verdade.

Espero que esse "fragmento", muito incrementado e potencializado, produza o impacto planejado desde o início e que você revolucione a sua forma de entender, analisar e produzir representações de processos organizacionais.

Sem mais preparativos, siga adiante com a leitura, faça os exercícios e pratique as ideias propostas.

Por experiência própria, adquirida em centenas de horas de projetos e com o ensino de milhares de alunos nesse tema, posso garantir que, se você seguir as orientações, nada mais será como antes.

Ainda duvidando?

Faça os exercícios e veja as correções.

Lembre-se:

A Modelagem da Verdade é uma importante habilidade complementar e precisa ser desenvolvida pelo profissional. Pratique e revolucione os seus trabalhos em diagnóstico, melhoria e transformação de processos.

2- A verdade nos processos

Se você já realizou qualquer diagramação de processos com BPMN, provavelmente, também vem realizando uma modelagem *pro forma* – também chamada de "para inglês ver".

Não me leve a mal por dizer isso, mas apresentarei na etapa de Modelagem da Verdade como devemos utilizar BPMN para representar a verdade das organizações – e não os nossos anseios de aprovação imediata e documentação do irreal. Lembra da parte em que falamos sobre o cérebro napolitano e nossos bloqueios?

Explicarei em detalhes e apresentarei o impacto desta mudança radical na forma de entender, representar e avaliar processos.

Existe uma grande chance de você estar vendo e produzindo fluxogramas sobre um mundo que não existe de verdade. É uma modelagem de processos estilo "Alice no País das Maravilhas".

Se você leu o livro ou viu o filme, já deve ter entendido onde quero chegar.

Alice é uma menina que cai em uma toca de coelho e é transportada para um mundo surreal, repleto de figuras estranhas e, nesse local, a realidade não funciona conforme a nossa.

Bom, devo confessar que quase todos os dias eu vejo diagramas BPMN que parecem ter sido criados pela Alice tentando representar a realidade do País das Maravilhas. São diagramas que representam – quase sempre – o que deveria ou poderia ser (*should be* ou *could be*).

Essa forma de representação é um problema quando tratamos da realidade das organizações.

É sempre a mesma coisa. Todas as atividades humanas dos processos são conectadas por sequência uma na outra, mesmo quando o trabalho é feito por várias pessoas diferentes, em áreas diferentes, em locais diferentes, em momentos diferentes, com instruções diferentes etc. Uma ilusão só.

Entendo a intenção do diagramador. Tenho certeza de que ele se esforçou ao máximo para criar as conexões e até dar fluidez visual ao processo. Sempre que encontro um diagrama desses eu aponto para uma sequência de atividades entre áreas (raias) e pergunto:

De que maneira o término dessa atividade sensibiliza o próximo participante, garante a entrega do conteúdo e sincroniza os resultados?

Não há tal capacidade para esse processo no mundo real?

Então, *sorry*, esse diagrama está mentindo para nós!

Durante a análise de processos devemos – sempre – representar a realidade vigente.

Digo já para você:

"Se não representamos no diagrama as desconexões (interrupções) entre a sequência lógica de trabalhos, estamos mascarando problemas e perdendo grandes oportunidades de melhoria."

Deixar de fazer a "Modelagem Alice" e começar a representar a verdade, que é muito mais útil e relevante, é algo essencial para o correto diagnóstico de processos.

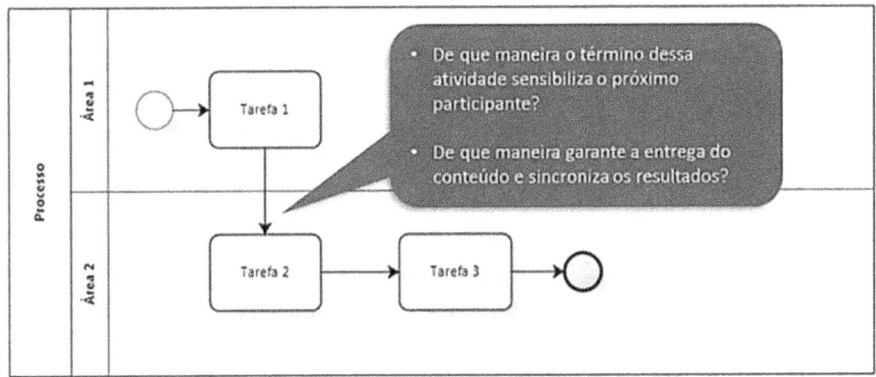

Sequência Ilusória.

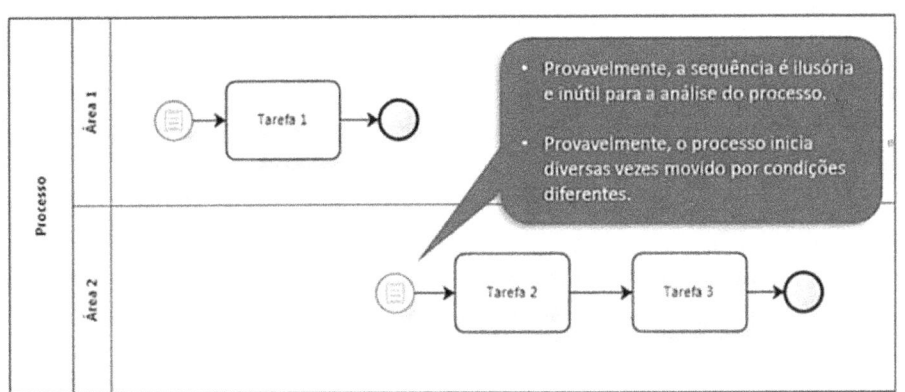

Desconexão Real

Em contrapartida a uma modelagem *pro forma*, irreal, surreal, com pouca utilidade e que, por este seu colega, está sendo carinhosamente chamada de "Modelagem Alice", aprenderemos a quebrar os processos, evidenciar suas desconexões e chocar as pessoas com a apresentação da mais pura realidade organizacional – isso é a "Modelagem da Verdade".

Vamos aprender a evidenciar com critério a verdade sobre os processos das organizações. Portanto, prepare-se para entender definitivamente o sentido da frase:

"Todo modelo está errado. Alguns têm utilidade."

Esse é o segredo da boa modelagem de processos com base na verdade e não apenas considerando a lógica desejada/percebida de realização.

3- A visão do cliente

Você já ouviu falar de "foco NO cliente"?

Provavelmente, sim.

E em "foco DO cliente", já ouviu falar?

O primeiro, foco NO cliente, é uma perspectiva de dentro para fora, ou seja, observar o comportamento dos clientes que estão fora da organização e se relacionam com os produtos e serviços.

Vamos imaginar um parque de diversões com os brinquedos mais tradicionais. Se você observar as pessoas que entram no pequeno vagão que dá acesso ao brinquedo conhecido como "trem fantasma", você perceberá um pouco de ansiedade, sorrisos nervosos e outros comportamentos condizentes com a sensação que se pretende experimentar ao participar desta atração.

Continuando a observação, você – que está do lado de fora do complexo que é o brinquedo – vê o trem se locomover para dentro de um túnel escuro, as portas se fecham e os gritos começam a ser ouvidos. O que será que está acontecendo lá dentro?

No lado oposto ao portão de entrada do trem fantasma existe a porta de saída. Para lá você se direciona e aguarda a saída das pessoas. Os gritos continuam por mais um tempo, até que o primeiro vagão aparece na saída. Observando o semblante das pessoas, você pensa:

"Algo aconteceu. As pessoas estão pálidas. Parecem ter visto um fantasma!".

77

Mesmo que você já tenha brincado em um trem fantasma, se você não entrar nesse que agora observa, você apenas fará inferências com base em percepções, conhecimentos e lembranças anteriores. Nesse caso, a sua análise de comportamento dos clientes está sendo orientada pelo seu entendimento anterior sobre o evento. Lembra do cérebro buscando por padrões e experiências vividas para economizar energia?

Para saber o que realmente acontece lá dentro, você precisa coletar as experiências dos clientes que acabaram de vivenciar essa experiência e, de preferência, você deveria entrar no trem fantasma também.

Se você vivenciar o mesmo que os clientes e, mais ainda, se conseguir envolver outros clientes em um compartilhamento de experiências, você viverá e entenderá o foco DO cliente.

Não é impossível definir melhorias no trem fantasma sem entrar nele, mas você há de concordar que projetar uma experiência mais interessante para os clientes deve ser muito mais fácil quando você tem as informações e sensações que os clientes produzem e vivenciam.

Esse é o princípio do foco DO cliente.

Quando uma organização decide entender e atender ao foco DO cliente, essa organização está decidida a envolver os seus clientes na definição do que deve ser feito e a forma como deve ser entregue cada produto ou serviço da organização.

Muitos gostam de dizer que, para entender o foco do cliente, é preciso "ir para o fim da fila". Acho interessante essa frase, mas tenho medo de uma simplificação exagerada desse conceito poderosíssimo, que é conhecido como *Outside-in* (de fora para dentro).

Para *Outside-in*, não basta ir para o fim da fila e viver somente a própria experiência do relacionamento. É preciso identificar os tipos de clientes na fila (as personas), qual a expectativa de cada um e, dessa forma, diferenciar as interações e personalizar cada relacionamento conforme o valor de cada um dos clientes na fila.

Para organizações com fins lucrativos, entender o cliente e propor melhores produtos e serviços é uma preocupação constante para o negócio. Existem diversas metodologias e abordagens para enriquecimento de base de dados de clientes e sua valoração. O que está faltando é transformar essa estratégia em processo, e que estes sejam constantemente abastecidos e medidos conforme as experiências dos clientes e seus resultados. Nesse caso, o valor do processo vem da capacidade de transformação e entrega de resultados conforme a expectativa dos clientes.

Para organizações sem fins lucrativos, imaginando a gestão pública, por exemplo, entender os clientes e propor melhores produtos e serviços é entregar o que realmente nossa sociedade precisa, e não o que a pressão política ou outros interesses possam definir como importante.

No meu livro "BPM para Todos", falei bastante sobre essa anomalia política, citando como facilmente deturpamos necessidades sociais e direitos elementares em projetos de reurbanização onde nem mesmo deveria haver uma habitação. Projetamos e entregamos hospitais

79

faraônicos, mas que não possuem equipamento e nem pessoal para operar e administrar, e assim por diante.

A gestão pública, quando decide agir conforme as necessidades da sociedade, e ainda toma por base seus processos, custos, tempos, capacidades e experiências de relacionamento, realiza uma verdadeira gestão com foco do cliente.

Pense nisso:

"Com o foco DO cliente, o acúmulo de experiências pessoais influencia diretamente na percepção de valor para cada interação com produtos e serviços organizacionais. Os processos precisam ser ajustados para apoiar as organizações nesse constante desafio de entrega de valor."

Fazer isso acontecer consumindo menos recursos financeiros é importante, mas não pode ser o principal direcionador de serviços essenciais para a sociedade.

4- A documentação

Vamos pensar um pouco sobre o "valor" real do trabalho de documentar os processos organizacionais – talvez o maior vilão dos trabalhos de BPM na atualidade. Sendo assim, pergunto:

Qual o valor em produzir/atualizar a documentação de um processo?

Respondendo à pergunta, posso dizer que documentar processos não deve ser encarado como um trabalho burocrático, sem fim e que não agrega valor ao negócio. Ora, sei muito bem que já fizemos e fazemos MUITA documentação de processos nas organizações. Também sei que o problema não está no ato de documentar os processos, mas sim na falta de objetivo pelo qual se faz a documentação em si.

Falando objetivamente, os profissionais de processos, pelo menos boa parte deles, ainda têm o peculiar hábito de ficar produzindo procedimentos, normas, atualizando diagramas, entrevistando colaboradores, imprimindo "*books*" de processos e por aí em diante. Como se isso fosse o único trabalho deles, sua missão na Terra. Eu pergunto: por que cargas d'água foi feita tanta documentação?

Responder a esta pergunta é descobrir se há valor na documentação produzida. Sempre pergunto para quem solicita uma documentação de processos:

Qual o objetivo de documentar esse processo?

Se a resposta for parecida com: produzir uma documentação completa e tombar os processos organizacionais, então, já encontramos um ponto de ponderação.

Ora, um processo não é um prédio, com estrutura rígida e que não deve sofrer alterações a todo o momento. Pelo contrário: dependendo do tipo de processo, a última coisa que uma organização precisa é de seu tombamento ou engessamento.

Muitos processos, principalmente os que tocam clientes (processos de negócio do tipo primário/finalístico), devem possuir maleabilidade, agilidade etc. Estes devem ser documentados para produzir conhecimento comum dentro da organização, mas entendê-los também deve gerar um esforço para sua melhoria, e não apenas estabilização.

Um processo inteligente deve ter grande capacidade de mudança, com uso de regras de negócio, fluxos de valor, tratamentos de exceção, captura de erros etc.

Outra definição encontrada no mercado para "tombamento de processos" se refere ao trabalho de "horizontalizar" a visão da organização em nome do entendimento e gestão de processos transversais – interfuncionais.

Este também é um importante trabalho a ser realizado por qualquer organização, desde que fique sempre muito claro que não é o objetivo final ter os processos representados em diagramas e mapas horizontais, pois isso é apenas parte de um trabalho maior, que envolve o diagnóstico de problemas, a proposição de soluções e a gestão do dia a dia.

Documentar processos tem muito valor, principalmente para boa parte das médias e grandes organizações que, devido ao crescimento, acabam por se distanciar de seus clientes e entendem cada vez menos a sua realidade processual, passando a gerir e orientar seus esforços com muito mais "apego financeiro".

Sem querer exaurir as opções, mas exemplificando apenas, alguns documentos são essenciais para uma boa análise de processos, tais como:

- Diagramas, mapas e modelos de processos;
- Documentos descritivos complementares ao entendimento dos processos;
- Planilhas de tempo dos processos;
- Planilhas de custo dos processos.

Esses são alguns documentos "elementares" para a análise de processos, e, por isso mesmo, essenciais para executar com responsabilidade e qualidade um ciclo de vida de gestão por processos.

Suas variações existem aos milhares, e cada nova metodologia criada tende a definir novos ou alterar os documentos. Não tem problema, desde que saibamos responder à pergunta:

Qual o objetivo de documentar esse processo?

Se a resposta for capacitação de pessoal, apoio para a análise de capacidade, qualidade, custo, tempo etc., além de melhor utilização dos sistemas de informação e promoção de um entendimento comum na organização, provavelmente, estamos diante de um esforço de documentação de processos que possui grande valor para qualquer organização madura ou iniciante no gerenciamento de processos de negócio.

Pense nisso:

"O maior valor da documentação está na sua capacidade de abastecer os tomadores de decisão com informações relevantes, verídicas e atualizadas."

Modelagem da Verdade

A modelagem de processos de negócio utilizando BPMN é um grande avanço para a profissão, para os profissionais e, principalmente, quando corretamente utilizada, traz grandes benefícios para as organizações em geral. BPMN é uma notação rica, complexa e visualmente amigável, mas exige que o profissional envolvido na representação dos processos saiba mais que apenas o significado de cada elemento da notação.

Para utilizar BPMN de forma inteligente, é necessário compreender suas lacunas e entender quais elementos fazem algum sentido na representação das mais diversas atividades e eventos possíveis. Somente ler a especificação técnica da notação, disponível na página da OMG (www.bpmn.org), na maioria das vezes não é suficiente. É preciso que o profissional pratique seu uso, faça treinamentos, pondere sobre sua aplicabilidade geral e questione sua utilização conforme a maturidade e a realidade de cada organização em foco.

Não há uma fórmula genérica aplicável. Nem mesmo a mantenedora da notação propõe isso. No mercado encontramos práticas boas e ruins, propostas de métodos, estilos e alguns padrões comuns.

Neste capítulo do livro vou apresentar uma proposta bastante diferente para utilização da notação BPMN. Uma proposta que possui o objetivo de ajudar a evidenciar os problemas camuflados no uso indiscriminado de elementos da BPMN. Digo que a proposta é diferente, pois pelo que vejo sendo praticado, e em todos os livros de BPMN que já li (praticamente todos que já foram lançados), até o momento não encontrei nada parecido.

Tenho plena consciência de que o conteúdo deste capítulo pode incomodar uma considerável parcela de profissionais, mas, em contrapartida, esse material tem condições reais de ajudar a todos que estão eticamente comprometidos com a promoção da mudança.

O objetivo é ajudar o profissional a gerar ganhos para a sociedade como resultado direto do que é feito nas organizações.

Quando ensino a modelagem da verdade em treinamentos presenciais, gosto de começar a aula fazendo um pedido para cada participante:

"Abra a mente e o coração e deixe a mudança entrar".

Se pudesse, colocaria no rodapé deste capítulo um texto parecido com aqueles que vemos ao final de propaganda de remédios na televisão. Algo do tipo:

"Este capítulo pode provocar náuseas em pessoas com sensibilidade à mudança e escárnio involuntário em profissionais céticos com baixa preocupação com resultados. Use sem moderação, mas sempre com seriedade, compromisso e responsabilidade".

Para sustentar minha teoria sobre o "funcionamento" prático de cada elemento de BPMN apresentado, farei uma contextualização comparando sua especificação original e a aplicação no mundo real – principalmente quando estivermos tratando do momento atual (*AS IS*) das organizações.

Além disso, e para incrementar a capacidade de absorção do conteúdo deste capítulo, vou propor a realização de alguns exercícios. Ajudarei o leitor na construção da solução dando dicas e direcionamentos. Portanto, vamos em frente com a leitura e que a força esteja com você.

Teoria Geral

Gosto de considerar este tópico como um "axioma" da modelagem da verdade, mesmo que etimologicamente me pareça um tanto ousado, pois para ser um axioma precisamos ter algumas obviedades iniciais. Vamos entender um pouco mais sobre a modelagem da verdade e depois você decide se esse tópico é ou não um axioma.

Este capítulo está dividido em três momentos distintos e complementares. No primeiro (1) apresentarei uma teoria geral sobre a modelagem da verdade e sua relação com BPMN. Na sequência (2) veremos cada elemento de BPMN que será utilizado na modelagem. Finalmente, no terceiro e último momento (3), veremos a aplicabilidade dessa proposta conforme padrões de projeto (*design patterns*) considerando algumas formas de adoção e uso.

Modelagem da Verdade

Como você representa a chegada de um *e-mail* para um participante do processo?

Contextualizando um pouco a pergunta:

Esse *e-mail* (mensagem) foi enviado de uma área para outra e faz parte do fluxo do processo. Esse participante que recebe o *e-mail* precisa utilizar as informações recebidas para providenciar a aprovação de um pedido. Simples. Certo?

Vou fazer uma consideração sobre o conteúdo deste capítulo. Proponho que você leia as perguntas que farei ao longo destas páginas e, antes de olhar o resultado, abra uma ferramenta de diagramação com BPMN e faça a diagramação (qualquer ferramenta serve). Existem dezenas de ferramentas gratuitas disponíveis na internet. Para não ser injusto, e ainda manter minha isenção, não citarei nomes de fabricantes.

Faça uma busca e escolha algumas das mais referenciadas, pois são bem amigáveis em suas interfaces de uso e não requerem treinamento prévio. Utilizando o produto com calma, você aprenderá o suficiente para realizar qualquer exercício de BPMN deste livro. Sendo assim:

Como você representa a chegada de um *e-mail* para um ator do processo?

Em uma primeira análise, essa é uma pergunta que já nos coloca em um ponto de decisão mental: faremos a modelagem da verdade ou prevalecerá em nosso diagrama a modelagem Alice?

Algumas considerações importantes para modelar a verdade:

1. A mensagem (*e-mail*) é recebida ou o participante precisa procurá-la?

90

www.GartCapote.com

2. Quando essa mensagem chega, o participante é sensibilizado/alertado?

3. Existe sincronismo entre o trabalho de envio e o trabalho de recebimento da mensagem?

4. A informação chega consolidada e com a qualidade necessária para o andamento do processo?

5. A chegada da mensagem é um acontecimento (um evento), ou é apenas mais um dado disponível na organização e alguém precisa descobri-lo?

Modelando a verdade, teríamos as seguintes respostas:

1. O participante é quem realmente busca.

2. Não há sensibilização real. Apenas rotina de verificação.

3. *E-mail* não é uma ferramenta de sincronismo.

4. *E-mail* não garante consolidação de dados no corpo da mensagem.

5. Não existe um evento que inicie realmente o trabalho (gatilho). O participante, por algum motivo, trabalha e descobre a mensagem.

Neste momento não vou apresentar uma imagem com um diagrama mostrando o recebimento ou a chegada de uma mensagem respeitando a verdade. Veremos essas e outras respostas adiante no capítulo. Neste momento, o mais importante é você ler a pergunta, pensar na sua resposta e, depois, confrontar com as respostas acima. Pergunto:

Você chegou às mesmas respostas?

Não se preocupe. Trabalharemos o modelo mental necessário para realizar a "Modelagem da Verdade". Quero deixar aqui algumas perguntas-chave que precisamos SEMPRE fazer para tentar descobrir se estamos modelando a verdade ou apenas um desejo.

Não quero propor uma lista definitiva de perguntas, mas acredito que estas aqui apresentadas representam a lógica da modelagem da verdade e, à medida que forem adotadas, provavelmente, o modelador fará novos e complementares questionamentos.

É um exercício de maturidade e percepção. Em ordem de ocorrência, podemos imaginar um diagrama hipotético contendo apenas:

1. Eventos iniciais
2. Sequências
3. Atividades
4. Eventos intermediários
5. Eventos finais

As perguntas são:

1. Para eventos iniciais

    a. De que maneira o processo realmente inicia?

    b. Esse evento inicial é o gatilho do processo?

    c. Esse evento inicial não demanda alguma ação prévia?

    d. O processo começa automaticamente a partir do evento?

2. Para as sequências

a. Essa sequência garante a entrega de uma informação para o próximo participante do processo?

b. Essa sequência sensibiliza a próxima atividade para que seja iniciada o quanto antes?

c. Essa sequência faz parte do fluxo de informação do processo ou é apenas uma conexão lógica (talvez inexistente)?

d. De que forma essa sequência está conectando o trabalho entre áreas e atores da mesma organização?

3. Para as atividades

a. Como é iniciada essa atividade? É automática? Depende da vontade humana? É uma rotina de trabalho ou é iniciada por evento (gatilho) e não depende de interação humana?

b. Qual ação essa atividade realmente realiza?

c. Qual o objetivo dessa atividade?

d. Por que essa atividade é realizada?

e. O fim dessa atividade desencadeia o início da próxima?

4. Para eventos intermediários

a. Esse evento serve para interromper o andamento do processo até que alguma condição seja alcançada?

b. Esse evento serve para interagir com outras atividades, áreas ou participantes?

   c. Se for um evento temporizador (*timer*), é exequível e real o processo ficar "parado" naquele ponto?

   d. Se for um evento de recebimento ou envio de mensagem, como isso acontece? É trabalho humano ou automatizado?

5. Eventos finais

   a. Qual resultado esse evento final está propagando ou representando?

   b. Esse é o único evento final / resultado possível?

   c. Quais são os resultados possíveis ao longo de todo o processo?

   d. Se for um evento final de envio de mensagem, de que forma a mensagem é enviada? É um trabalho humano ou automatizado?

Perceba que não incluí as respostas de cada pergunta. Não o fiz, pois veremos cada elemento detalhadamente adiante.

Minha intenção ao apresentar tais perguntas é fazer com que você já comece a se preocupar com isso antes de inserir qualquer elemento de BPMN no seu diagrama. Quando você tiver alguma dúvida sobre seu uso, volte a esta página e faça as perguntas propostas.

Costumo brincar com os alunos e digo que muitas vezes nós utilizamos a "técnica do macaco bêbado" para modelagem de processos.

É realmente uma brincadeira com intuito de descontrair e mostrar que quase todos cometem os mesmos, digamos, equívocos quando estão diagramando. A técnica do macaco bêbado consiste em utilizar o que for possível para dar seguimento ao trabalho de diagramação.

Basicamente: quando a atividade termina, puxa-se uma sequência e conecta-se a ponta desta sequência na próxima atividade ou evento. E assim o diagrama segue seu rumo. É sempre diagramado para dar fluidez e evidenciar a sequência de atividades do processo.

Por que macaco bêbado?

Se você abrir uma ferramenta moderna de modelagem de processos com BPMN, dessas com interface amigável, autoconexão, validação etc., e entregar o mouse do computador para um símio com elevado teor alcoólico em sua corrente sanguínea, perceberá que o resultado é muito próximo a muitos diagramas que já fizemos. Ou seja, os elementos de BPMN estão conectados uns aos outros, seguem uma sequência da esquerda para a direita e terminam com um final. Isso é muito legal.

Porém, se quiser saber a utilidade dessa representação, faça as perguntas propostas anteriormente para cada um dos elementos existentes no diagrama.

Se fizermos as perguntas, provavelmente, vamos descobrir que muitos elementos foram equivocadamente inseridos ou conectados no diagrama. Muitos não existem, são apenas percepções abstratas do que deveria acontecer na organização.

É muito comum encontrar diagramas em BPMN que deveriam tratar da realidade de uma organização que não possui qualquer tipo de

95

automatização com BPMS, mas ao analisar o diagrama, e fazendo as perguntas propostas, descobrimos que a diagramação é apenas a representação da lógica ideal do processo sendo executado conforme capacidades de um inexistente BPMS. Esse é um erro bastante comum.

Neste capítulo faremos o caminho contrário. Vamos entender a serventia de cada elemento de BPMN, mas também vamos considerar igualmente suas restrições de aplicação em organizações e processos que não foram automatizados.

Vamos evitar aceitar respostas do tipo "a notação não proíbe tal uso".

Muitas vezes, esse tipo de resposta é somente mais uma desculpa para utilizar sem critério a notação e depois culpar os gestores por não perceber valor no trabalho de diagramação. Vamos aprender a perguntar ao diagrama:

"É relevante, útil e verdadeiro representar dessa forma?"

"O que estamos perdendo ao representar dessa maneira?"

"O que estamos ganhando ao representar desse modo?"

Não existe uma representação única de um processo. Todas são projeções de percepções, entendimentos, habilidades e objetivos.

Vamos incluir mais uma poderosa ferramenta em nossa caixa de trabalho.

Essa ferramenta se chama **VERDADE**.

Na modelagem da verdade devemos considerar uma estrutura mínima de relação entre os elementos de BPMN, os objetivos do trabalho de modelagem e o produto entregue (diagrama, mapa ou modelo).

De forma bastante resumida, e para o caso de você ainda não ter lido o BPM CBOK ou o meu livro "Guia para Formação de Analistas de Processos", uma pequena explicação sobre diagrama, mapa e modelo de processo.

Quando diferenciamos diagramas, mapas e modelos de processos, estamos claramente buscando evidenciar a riqueza de detalhes existente em cada nível de representação.

Um diagrama possui poucas informações sobre o processo, mas é capaz de proporcionar uma visão geral dos processos e seus relacionamentos de mais alto nível com outros processos dentro e fora da organização.

Um mapa de processos, por sua vez, já possui uma riqueza maior de detalhes, representando fluxos alternativos, distribuição de trabalho, decisões etc. Um mapa requer mais tempo que um diagrama para ser criado, porém ainda não é capaz de apoiar simulações mais complexas.

Quando falamos de modelo de processos, estamos tratando do nível mais completo de representação gráfica de processos que, além de representação gráfica, possui documentos complementares que contemplam informações sobre tempo de atividades, custos de recursos, número de instâncias, resultados históricos etc. Um modelo de processo é por si um grande insumo para simulações mais completas sobre comportamentos e resultados dos processos.

97

INFORMAÇÃO →

 DIAGRAMA

* Fluxo do processo
* Principais atividades

 MAPA

* Fluxo do processo
* Principais atividades
+ Atores
+ Eventos

 MODELO

* Fluxo do processo
* Principais atividades
+ Atores
+ Eventos
+ Dados adicionais
+ Capacidade de simulação

Objetivos, Níveis, Paletas e Aplicação

Além da distinção entre diagramas, mapas e modelos para a prática de modelagem da verdade, vamos trabalhar uma árvore de relação em que, dependendo do objetivo da representação, teremos a definição de trabalho para confecção de diagramas, mapas ou modelos. Assim utilizamos um conjunto específico de elementos da BPMN, ficando cada representação graficamente distinta e objetivamente complementar.

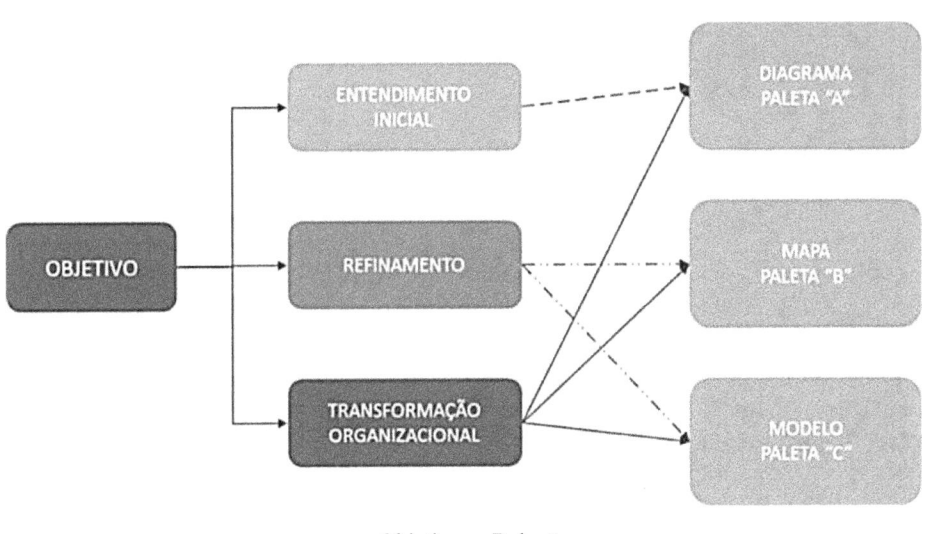

Objetivos e Relações

Ao pensar na relação entre objetivos e produtos da representação, podemos perceber uma relação simples e direta, em que:

- Para atender a um objetivo inicial, um diagrama de processo feito apenas com os elementos de BPMN da paleta mais simples (paleta A) já seria suficiente.

99

- No caso de refinamento de entendimento, podemos pensar na produção de mapas ou modelos de processos com um conjunto mais completo de elementos da BPMN (paleta B).

- Quando o objetivo for promover ou validar uma transformação no processo com aplicabilidade real no nível mais operacional, devemos pensar na criação de entendimento desde a visão mais abstrata (diagrama), passando por visões intermediárias (mapas), até alcançar sua completude com representações capazes, inclusive, de promover simulações (modelos).

Vamos prosseguir com o entendimento dos elementos do diagrama anterior (*figura "Objetivos e Relações"*).

Objetivos

Quando nos referirmos ao "objetivo" do diagrama, devemos pensar no motivo pelo qual o trabalho de levantamento de informações e representação do entendimento com elementos de BPMN será feito.

Basicamente, podemos considerar três grandes objetivos recorrentes. Obviamente, outros motivos podem e irão existir. Para efeito de simplificação e aplicação da modelagem da verdade, vamos considerar:

- **Objetivo Executivo**
- **Objetivo Gerencial**
- **Objetivo Operacional**

Objetivo Executivo

* Reflete a necessidade de "entendimento inicial", ou compreensão essencial, sobre os processos da organização.

* Demanda uma representação visual mais simples (diagrama) e, por isso, pode exigir menos tempo da organização e consultorias para a sua consecução.

* Utilizaremos uma paleta (conjunto de elementos) de BPMN bastante resumida (paleta A), composta apenas de elementos simples e claros o suficiente para promover o entendimento inicial necessário e uma visão simplificada.

* Essa mesma diagramação pode ser utilizada para criar uma camada de abstração ainda maior e apresentar as interações existentes entre os processos intraorganizacionais e extraorganizacionais.

Objetivo Gerencial

* Reflete a necessidade de "refinamento" da compreensão e uma consequente melhoria da representação do processo com BPMN.

* Demanda uma representação visual mais robusta (mapa) e, por isso, pode exigir mais tempo para a organização alcançar sua completude.

* Utilizaremos a paleta do tipo "B", que é composta de todos os elementos da paleta "A" acrescida de elementos capazes de evidenciar decisões, condições, atores e outras características de processos nesse nível de detalhamento.

* Normalmente, o mapeamento de processos tem por objetivo apresentar os trabalhos com nível de detalhamento bastante rico, descrevendo

101

atividades, referenciando tecnologias, dados e sistemas utilizados na realização das ações.

Objetivo Operacional

* Este objetivo não pode ser confundido com burocracia ou refinamento excessivo de diagramas. Quando existe o objetivo de alcançar esse nível de riqueza de detalhes, é necessário que fique muito claro desde o início quais serão os desafios, os problemas e os benefícios.

* Devemos sempre propor o alinhamento de "objetivos do trabalho de representação dos processos", caso contrário, podemos divagar na representação, variando entre o excesso de detalhes e a superficialidade absoluta.

* Cabe à organização, com o apoio dos especialistas, decidir qual objetivo pretende atingir em cada iniciativa. O objetivo operacional reflete claramente a necessidade de "atacar" pontos bastante específicos de melhoria de tarefas ou atividades dos processos.

* A representação dos processos neste nível é bastante parecida com a paleta anterior, apenas adicionando elementos transacionais quando necessário, além de permitir referências diretas a tarefas executadas em atividades dos processos (paleta C).

* Devido à riqueza de informações existente neste nível de trabalho, podemos ter acesso a dados sobre o tempo para a realização dos trabalhos, os recursos humanos disponíveis, custos da infraestrutura utilizada e, com isso, fazer ricas simulações de capacidade, resultados, tendências etc.

- Não deve ser entendido como um esforço menor ou apenas operacional, no sentido pejorativo da palavra. Esse tipo de abordagem tem maior possibilidade de efetividade, pois não considera declarações muito abstratas, mas as condições reais de realização dos trabalhos.

A maior dificuldade dos profissionais de processos está em demonstrar valor nesse tipo de trabalho. Essa é a razão de existência das próximas páginas deste livro.

Uma abordagem muito interessante sobre a divisão em perspectivas, paletas e representações dos processos é apresentada por Bruce Silver em sua obra *"BPMN Method and Style"*, 2009. Em minha humilde opinião, foi o livro mais importante de BPMN que já li, pois provocou uma grande mudança na minha abordagem de uso da notação.

Muitos livros de BPMN insistem em apenas nos apresentar os elementos conforme reza a especificação – sem ousar e propor formas de uso. Esses livros apenas dizem o que a notação prevê ou não. Ora, para isso, basta ler a notação.

Bruce Silver é notoriamente conhecido pelo seu excelente trabalho com a OMG para especificação da BPMN, e por ter grande conhecimento e prática em modelagem para automatização, seus argumentos sempre cobrem esta lacuna de compreensão da notação.

Portanto, se você possui interesse em automatização de atividades de processos com BPMN e BPMS, fica aqui a excelente – quase que obrigatória – dica de leitura. Seu livro é encontrado nas principais livrarias *on-line*.

Nesta obra compartilhamos da mesma divisão de três níveis de representação, mas com diferentes abordagens de uso, com outros elementos de BPMN e, principalmente, utilizaremos a notação para nos auxiliar no diagnóstico de processos.

Aplicabilidade dos Elementos de BPMN 2.0

No tópico anterior vimos uma configuração de trabalho a partir da definição dos possíveis objetivos: entendimento inicial, refinamento ou transformação. Dependendo do objetivo da representação dos processos, devemos prover a criação de diagramas, mapas ou modelos. E, finalmente, cada nível de representação (diagrama, mapa ou modelo) possui um conjunto de elementos de BPMN que deve/pode ser utilizado (chamados de paletas). Entender os detalhes e a capacidade de aplicação deste conjunto de elementos é o escopo deste tópico.

Critérios para seleção dos elementos da BPMN

Além das perguntas anteriormente apresentadas, também devemos considerar alguns critérios interessantes para seleção dos mais adequados elementos da BPMN, que serão apresentados nas Paletas A, B e C.

Sendo assim, os elementos sugeridos em cada paleta foram avaliados segundo os critérios de **Relevância**, **Veracidade** e **Conexão**.

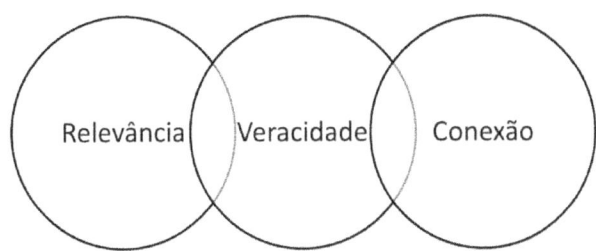

- **Relevância**

  Trata da utilidade do elemento em cada nível de representação (Processo, Atividade ou Tarefa) e a ação que este executa/representa.

- **Veracidade**

  Trata da proximidade de certeza entre (1) os elementos que serão representados no processo e (2) a realidade operacional vigente.

- **Conexão**

  Trata da representação evidente de cada falha de comunicação, sequência e incapacidade de continuidade ao longo do fluxo do processo.

Nas próximas páginas você encontrará um conjunto de elementos da BPMN que pode ser utilizado conforme o nível de detalhe da representação, seu objetivo e os critérios de relevância, veracidade e conexão.

Dica prática

Utilize as Paletas A, B e C como grandes aliadas para a definição de escopo, objetivo e esforço do trabalho de modelagem e análise de processos.

As Paletas

PALETA A
FUNDAMENTAL

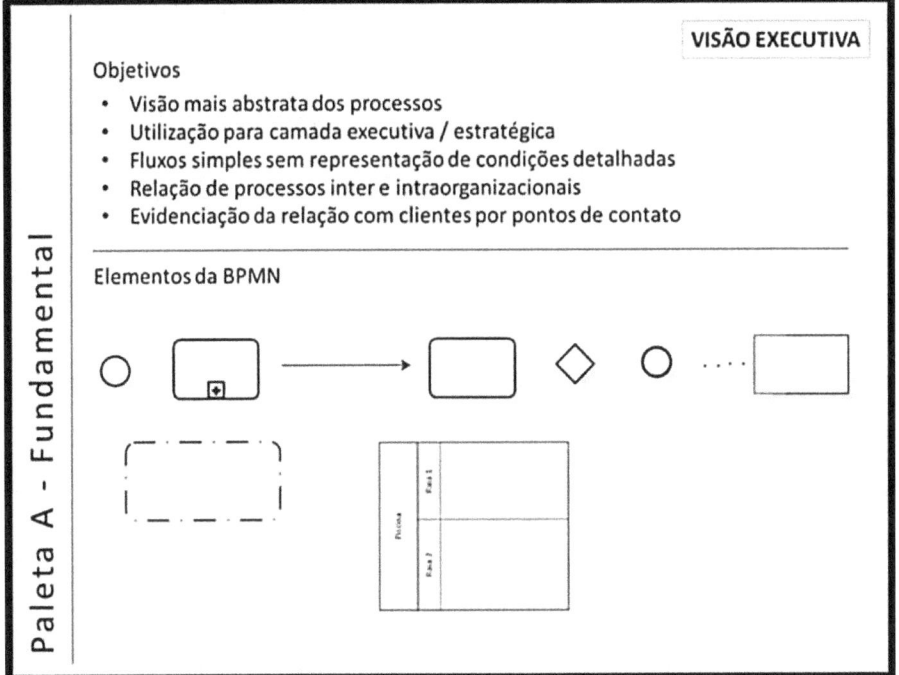

Piscina

Em BPMN, o elemento chamado Piscina (*Pool*) serve para receber atividades, subprocessos, sequências, eventos e qualquer outro elemento que pertença a um determinado processo. Essencialmente, podemos entender que uma Piscina BPMN é um repositório de processos – não é um repositório de organizações ou áreas dessas organizações. É possível representar as áreas das organizações, entidades e participantes dos processos dentro de uma piscina, porém, lembre-se de que o objetivo é representar o processo.

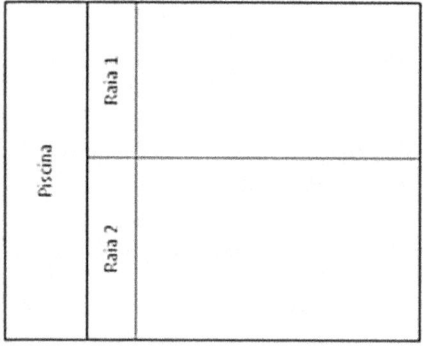

Raia

Uma Raia (*Lane*) em BPMN é uma divisão lógica e visual para evidenciar a distribuição ou o fluxo dos trabalhos ao longo de um processo. A utilização de Raias dentro de uma piscina tem o propósito de tornar o processo mais "evidente" para quem o lê, porém, essa mesma utilização de Raias não possui capacidade de interferir na execução dos processos automatizados com BPMS. Raias só podem existir dentro de Piscinas.

BPMN não é uma notação posicional, em que ao mover uma atividade para cima ou para baixo, para dentro ou para fora de uma Raia provocaríamos uma alteração na execução do processo. Resumindo, Raia é um artifício para a melhor compreensão de um processo por parte do leitor (pessoa). Raias, muitas vezes, são utilizadas para ilustrar áreas de negócios, diretorias, gerências e outras estruturas de um organograma. Nesta paleta podemos utilizar deste artifício para fornecer uma visão abstrata e abrangente sobre os processos de uma organização.

Um software de automatização de processos (BPMS) não considera (ao menos não deveria) o posicionamento de atividades dentro das raias para definir seus participantes. Para isso são utilizados outros atributos internos do elemento (fora do escopo desse livro).

Piscinas e Raias são elementos básicos e utilizados em todas as paletas aqui propostas, desde a criação de um diagrama até o refinamento de um modelo.

Evento Inicial

Na paleta A utilizaremos apenas o evento de início "vazio", "não tipificado" ou "simples".

Um evento inicial vazio é mostrado na forma de um círculo com bordas simples e nenhum outro símbolo em sua área interior. Essa tipificação

111

simples do evento denota que o evento é o início padrão/comum do processo.

Para o objetivo da paleta A, ou seja, fornecer elementos simples e suficientemente significativos para uma representação elementar de processos, o uso exclusivo desse evento inicial é mais que suficiente.

Nesta paleta não trataremos das variações mais comuns nos eventos de início, deixaremos esse tipo de refinamento para as paletas B e C.

Processo/Subprocesso

O elemento Processo, ou dependendo do nível de refinamento também chamado de Subprocesso, é um importante aliado da compreensão de processos em mais alto nível de abstração (com menor nível de detalhamento).

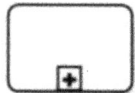

Este elemento é formado pelo tradicional retângulo de bordas arredondadas que é utilizado para representar atividades e tarefas, mas sua diferenciação é feita pelo sinal de mais (+) existente em seu interior.

Para o objetivo da paleta A, o uso deste elemento se dá na abstração de atividades que compõem os processos, apresentando aos gestores e executivos somente os "grandes passos" dos processos, ou seja, apresenta o domínio de processos, mas sem detalhar no nível de atividades.

Fluxo de Sequência

Uma sequência em BPMN é um objeto de ligação/conexão entre elementos da notação. Por parecer um simples direcionamento, por muitas vezes é subestimado e mal utilizado.

A sequência em BPMN é muito mais que uma conexão entre elementos na intenção de mostrar "caminhos" do processo. Uma sequência pode ser entendida como uma "tubulação" por onde passa a informação (dados) do processo. Além disso, uma sequência tem a capacidade de evidenciar "garantia de entrega" e/ou "sensibilização" para início do trabalho.

Ou seja, uma sequência evidencia a relação existente entre os elementos do processo. Se os elementos estão unidos por uma sequência, devemos assumir a garantia de entrega da informação e a sensibilização para início do trabalho como verdades do processo. Veremos como aplicar essas condições adiante.

Para alcançar e respeitar o objetivo desta paleta basta utilizar as sequências para criar as "uniões" previstas ou entendidas nos processos, afinal, estamos no nível mais abstrato e buscando representar processos de forma sucinta e mais simples possível.

113

Atividade/Tarefa

Um processo diagramado é, basicamente, um conjunto de atividades, eventos e condições que alcançam resultados.

Uma atividade é um agrupamento lógico de tarefas. O elemento Atividade em BPMN é formado por um retângulo de bordas arredondadas e, quando não é tipificado, possui sua área interna completamente vazia. Veremos alguns tipos de atividades adiante no livro.

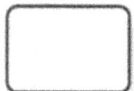

Fazendo uma rápida hierarquização, podemos entender Processo/ Subprocesso como o elemento de mais alto nível (maior abstração), seguido pela Atividade.

Uma Atividade também pode ser utilizada para representar uma Tarefa, que é o elemento de maior detalhamento sobre uma determinada ação (menor abstração).

Para o objetivo desta paleta, devemos restringir o uso deste elemento ao nível de atividades, evitando assim detalhar maiores sequências ou agrupamentos de tarefas.

Desvio

Este talvez seja o elemento mais equivocadamente utilizado por boa parcela dos profissionais que buscam diagramar um processo com BPMN.

O Desvio (*Gateway*) não é um ponto onde fazemos uma pergunta ao processo. É um ponto onde devemos receber as informações decorrentes de uma decisão tomada anteriormente (provavelmente em uma atividade) e/ou passar o fluxo do processo para os próximos eventos (sendo esta última uma forma de uso mais avançada e não prevista neste livro).

Chamar Desvio de "decisão" é um equívoco bastante perigoso, pois conota uma ação que não existe. A decisão é prévia ou não existe. Portanto, ou já foi definido o caminho, ou deixaremos o prosseguimento a cargo da ocorrência de eventos.

Na paleta A podemos utilizar o Desvio do tipo "exclusivo", que é representado por um losango vazio, ou um losango com um "X" em seu interior. Esse "X" é a tentativa de evidenciar o operador lógico "OU Exclusivo" – XOR.

Para ambas as representações, o mesmo comportamento é previsto: um Desvio exclusivo direciona apenas para um caminho possível dentre todas as sequências de saída nele conectadas.

Neste elemento, o desvio para a sequência desejada é feito com base em uma decisão anterior e nos dados que chegam ao desvio – resultantes da tomada de decisão.

115

Grupo/Agrupamento

Um Grupo é um artifício utilizado para evidenciar um agrupamento de elementos da BPMN, sendo representado graficamente por traços separados e pontilhados no formato de um retângulo.

Na paleta A podemos pensar na utilização deste elemento como um meio de reunir processos/subprocessos sob uma mesma perspectiva ou até para representar a união dos trabalhos (processos) em nome da realização de objetivos organizacionais.

Esse tipo de artifício é bastante útil quando precisamos evidenciar, por exemplo, a união de esforços e criar uma relação dos processos com a cadeia de valor.

Anotação

Este elemento é utilizado para, espantosamente, realizar anotações! Obviedades à parte, a Anotação serve para destacar pontos onde é interessante manter registros visuais sobre alguma peculiaridade do processo.

Evite cair na tentação de contextualizar cada elemento do processo com uma anotação. Fazer isso, além de estar errado, pois não é este o propósito

116

de se criar "lembretes", é também uma péssima prática de clareza em modelagem.

Evento Final

Finalmente, o Evento Final...

Desculpe-me, mas foi irresistível fazer essa piada de graça duvidosa.

Mas não se engane, pois o evento final não necessariamente representará o fim do processo.

Se você já diagramou com alguma notação anteriormente, provavelmente aprendeu que um processo deve ter um início e um fim. Essa é uma grande mudança que BPMN traz, não só para a modelagem mas, principalmente, para a forma como percebemos um processo, como ele pode começar e quais as maneiras, momentos e resultados este processo é capaz de produzir. Um evento final é representado graficamente pelo mesmo círculo que caracteriza o evento inicial, sendo que agora possui as bordas duplas e preenchidas – fazendo aumentar a espessura do círculo externo.

Devemos entender o evento final como um evento responsável pela "propagação de resultados" – seja ele qual for, sejam eles quantos forem.

117

Não há um número máximo de eventos finais possíveis em um processo, mas devemos sempre verificar se cada evento final representa um resultado diferente dos outros e se está devidamente evidenciando tal resultado (escrevendo em cada evento final o resultado que é propagado).

Portanto, pense no seguinte: com BPMN um processo pode ter tantos eventos iniciais e finais quantos forem verdade. Para o objetivo desta paleta, devemos procurar representar os finais mais significativos dos processos. Ou seja, se cada evento final é uma propagação de resultado em nível de atividade, em nível de processo (mais abstrato), os resultados podem ser o acúmulo de seus níveis inferiores. Essa é uma proposta, mas nem sempre é possível fazer essa composição, sendo necessário levar para o nível mais alto os vários eventos finais.

Lembre-se de que o objetivo da paleta A é ser óbvia, simples e rapidamente compreensível por qualquer ser humano minimamente pensante.

EXERCÍCIO I

DIAGRAMAÇÃO INICIAL

Seja bem-vindo ao primeiro exercício do livro.

Objetivo deste exercício

Ajudar o leitor a dar o seu primeiro passo para a realização prática da modelagem da verdade usando apenas a Paleta A.

Como fazer este exercício

1. Leia a "descrição da empresa" que contextualiza a organização, suas estratégias, metas e processos;

2. Abra sua ferramenta de modelagem de processos com BPMN (qualquer uma serve);

3. Faça a diagramação do que está detalhado textualmente;

4. Consulte a paleta A para tirar eventuais dúvidas sobre os elementos sugeridos;

5. Quando seu diagrama estiver pronto, consulte o resultado na seção "Exercícios Resolvidos" ou clique em "Fuja do Fluxograma" no site www.GartCapote.com;

6. Veja o resultado e compare com o seu trabalho;

7. Caso seja necessário, faça as correções sugeridas na resposta.

Nota importante:

Os mais de 4000 ex-alunos do meu Curso de Formação de Analistas de Processos (CFAP) perceberão uma grande semelhança na empresa/ organização fictícia utilizada para a realização deste e dos próximos exercícios. Isso não é obra do acaso.

O que será apresentado aqui foi pensado e criado para atender ambos os tipos de leitores desse livro – os que já participaram do CFAP e os que ainda não participaram. Para os ex-alunos, lembranças serão criadas, conceitos serão reforçados e novidades estruturadas serão apresentadas. Para os que ainda não foram meus alunos, tudo pode ser uma grande novidade.

A seguir você conhecerá uma empresa fictícia chamada GC Computadores. Esta empresa foi criada para ser utilizada nos exercícios do livro e, para facilitar a didática pensada, possui uma estrutura bastante enxuta e simplificada, mas minimamente suficiente para aplicação dos conceitos e técnicas aqui apresentados. Se em uma empresa tão simples e enxuta quanto a GC Computadores nós conseguimos aplicar o que é proposto neste livro e obter tantos ganhos, quantos ganhos seremos capazes de promover em uma organização mais complexa e robusta? Ao fazer os exercícios, lembre-se disso.

Descritivo Organizacional

A GC Computadores é uma empresa que compra componentes de computadores de diversos fornecedores, monta seus próprios equipamentos e os vende ao mercado consumidor direto (pessoa física).

Missão da GC Computadores:

Fornecer computadores de qualidade e com preços acessíveis.

Objetivos Executivos

- Aumentar a oferta de produtos diferenciados;
- Minimizar os custos da cadeia produtiva;
- Aumentar o *market-share* na venda de computadores nacionais.

Fatores-Chave de Sucesso

- Aumentar o portfólio de fornecedores e componentes;
- Reduzir o tempo desde a concepção até a entrega dos produtos;
- Reduzir a quantidade de produtos em estoque;
- Reduzir o número de itens personalizados por produto;
- Reduzir o custo total de compra dos componentes.

Estratégias

- Desenvolver parcerias com fornecedores;
- Desenvolver *kits* de itens personalizáveis;
- Desenvolver a produção por demanda;
- Desenvolver programa de revenda de produtos;
- Desenvolver campanha direcionada para as camadas B e C.

Metas (para o próximo ano):

- Lançar 6 novos produtos;
- Reduzir em 25% o *Opex*;*
- Vender 4500 computadores.

*Opex (Operational expenditure)

Podemos simplificar o entendimento deste termo para "gastos realizados na manutenção do negócio, tais como insumos de escritório, despesas com aluguel de espaços, folha de pagamento e outros".

Para a criação dos produtos, os seguintes passos são necessários:

1. Comprar os componentes dos fornecedores;
2. Montar os equipamentos;
3. Armazenar os equipamentos.

Para a venda dos produtos, os seguintes passos são necessários:

1. Receber os pedidos;
2. Cobrar dos compradores;
3. Entregar os produtos.

As áreas responsáveis pela realização dos passos descritos acima são:

1. Financeiro
   a. Fornecedores (Pagamento);
   b. Clientes (Recebimento).

2. Engenharia

    a. Montagem de Produtos;

    b. Estoque de Produtos.

3. Marketing

    a. Vendas (Internet);

    b. Novos Produtos (Concepção e Lançamento).

Este é o **organograma** vigente na GC Computadores:

Percepção de Problemas

A GC Computadores está vivenciando uma série de problemas e, em uma primeira reunião, foram identificadas dificuldades no lançamento de produtos atraentes ao mercado, sendo a lentidão nas fases de concepção, prototipação, aprovação, construção e entrega uma das causas já percebidas. Além disso, a GC Computadores identifica outros complicadores, tais como:

125

1. Grandes dificuldades na gestão de cadastro e pagamento de fornecedores;

2. Controle do estoque sem comunicação com as vendas realizadas pelo site da empresa;

3. Montagem de produtos sem vínculo direto com as vendas e o estoque vigente;

4. A cobrança dos clientes encontra dificuldades na gestão dos pagamentos realizados e pendentes;

5. Não há um efetivo controle das entregas dos produtos e de se os prazos acordados foram respeitados.

Prática

Após ter realizado a leitura do descritivo organizacional, você entendeu o mínimo necessário sobre a GC Computadores. Com as informações apresentadas anteriormente, e que serão reutilizadas em outros exercícios, seu primeiro e mais simples trabalho é:

1. Criar um diagrama em BPMN contendo os processos principais da GC Computadores e utilizando apenas os elementos da Paleta A;

2. Evidenciar no diagrama o organograma da empresa;

3. Salvar o diagrama criado, pois continuaremos sua evolução nos próximos exercícios.

Lembrete:

- Em caso de dúvida, reveja a explicação sobre o elemento da BPMN antes de utilizá-lo no seu diagrama;

- Somente quando seu trabalho estiver pronto, consulte os exercícios resolvidos.

ANOTAÇÕES

PALETA B

INTERMEDIÁRIA

Paleta B - Intermediária

VISÃO GERENCIAL

Objetivos
- Visão em nível de atividades
- Utilização para camada gerencial
- Fluxos completos com representação de condições e eventos
- Visão clara da distribuição de trabalho e suas desconexões
- Evidenciação de gargalos, *handoffs*, quebras e alocação de recursos

Elementos da BPMN

Evento Inicial de Tempo

O evento inicial de tempo (*Timer*) é um elemento da BPMN que pode ser utilizado para representar uma condição temporal para o início de um processo. Este evento, quando não está automatizado em BPMS, tem a intenção de evidenciar que o processo acontece quando alcança uma determinada data ou horário.

Este evento é representado por um círculo de borda simples contendo em seu interior o equivalente a um mostrador de relógio analógico.

Evento Intermediário de Tempo

O evento intermediário de tempo é o elemento da BPMN responsável por interromper temporariamente a continuidade de um processo. Deve ser utilizado entre eventos de início e fim e, por esse motivo, demanda um cuidado especial ao utilizá-lo sem automatização com BPMS.

No caso de processo não automatizado, inserir na sua representação um evento intermediário de timer é o equivalente a dizer que o próximo trabalho só será realizado quando o processo alcançar um determinado prazo (data/hora). Se o trabalho é realizado por uma pessoa na organização, essa pessoa fica parada aguardando o momento definido, ou ela vai fazer outra coisa?

Se a resposta for "vai fazer outra coisa" o mais correto é não utilizar o evento intermediário de timer. Veremos algumas formas de utilização adiante no livro. Neste momento é suficiente entender que o objetivo deste evento intermediário é atrasar o andamento do processo.

Sua representação gráfica é semelhante ao evento inicial de tempo, tendo por diferença a existência de borda dupla vazada.

Para medição de valor é preciso ter muito cuidado ao utilizar este elemento, pois seu uso indiscriminado em processos pode esconder condições de reinício de trabalhos e quebras de sequências entre áreas e organizações.

Evento Inicial de Recebimento de Sinal

O evento inicial de recebimento de sinal é um elemento bastante interessante na BPMN. Quando o processo não está automatizado (com BPMS) devemos ter muito cuidado ao tentar aplicar esse evento.

Assim como fazemos para enviar uma carta, uma mensagem em BPMN possui um destinatário definido. O evento inicial de recebimento de sinal é utilizado para receber mensagens sem destinatário único ou especificado.

É uma "transmissão" (*broadcast*) feita ou recebida pelo processo. No caso do evento inicial, é o equivalente a receber o sinal de rádio aberto, onde qualquer aparelho capaz de sintonizar em determinada frequência é capaz

131

de "ouvir" a transmissão. Se um processo precisa iniciar a partir de um aviso, ou uma sensibilização aberta, pode utilizar o evento inicial de sinal.

Quando o processo está automatizado com BPMS, o evento inicial de recebimento de sinal é o equivalente a ter uma antena e um sintonizador dedicado para cada frequência (cada rádio que transmite). Cada evento deste tipo está "programado" para ouvir (reagir) apenas quando recebe transmissões especificas e previamente configuradas.

Quando não há automatização de processo com BPMS, usar o evento inicial de recebimento de sinal fica bem mais restrito, pois o processo precisará de uma "sensibilização" coletiva para início do trabalho, e cada trabalhador age de forma diferente ao ouvir o sinal. Uns podem começar um trabalho novo, outros podem ignorar, e assim por diante.

Vamos voltar ao tempo de escola e nos lembrar do sinal que ouvíamos no intervalo de aula. Esse é um sinal coletivo anunciando que um período estava iniciando/encerrando. Professores e alunos realizavam diferentes ações ao ouvir o mesmo sinal. Esse é o comportamento esperado a partir do evento inicial de sinal na BPMN.

Esse evento é representado por um círculo de borda simples contendo em seu interior um triângulo.

Evento Intermediário de Recebimento de Sinal

A grande diferença entre o evento inicial de recebimento de sinal e o evento intermediário de recebimento de sinal é apenas o momento que cada um acontece. O primeiro (inicial), ao "ouvir" o sinal, inicia o processo. O segundo (intermediário) estava parado aguardando o sinal para dar prosseguimento a um processo que já havia iniciado.

Esse tipo de evento intermediário também é usado para atrasar o andamento do processo até que o evento aconteça. Caso não aconteça, o processo ficará parado naquele ponto. Por esse motivo, devemos sempre ter muito cuidado ao utilizar eventos intermediários – com ou sem automatização por BPMS.

Sua representação gráfica é semelhante ao evento inicial de sinal, tendo por diferença a existência de borda dupla vazada (característica comum aos eventos intermediários).

Evento Intermediário de Envio de Sinal

O evento intermediário de sinal possui duas características distintas e complementares. Ele é capaz de receber e enviar sinais. No item anterior vimos o evento intermediário de recebimento de sinal, que possui como principal caraterística receber sinais durante a execução de um processo.

133

A grande diferença entre o item anterior e este é justamente o direcionamento, sendo que o recebimento trata da captura (chegada) de mensagens, e o evento intermediário de envio (lançamento) de sinais faz sua transmissão antes do fim do processo.

Sua representação gráfica é semelhante ao evento intermediário de recebimento de sinal, tendo por diferença a existência de borda dupla vazada (característica comum aos eventos intermediários) e o preenchimento da figura interna ao elemento (triângulo cheio).

Todo elemento que está recebendo (mensagem ou sinal) possui o desenho interno "vazado" – ou seja, apenas o contorno. No caso de envio (mensagem ou sinal) todo elemento terá o desenho interno ao elemento completamente preenchido – não apenas sua borda.

Evento Final de Envio de Sinal

Outra utilização bastante interessante deste elemento é a transmissão de sinais/informações para outros processos (externo – outra piscina) ou outros pontos do mesmo processo (interno – mesma piscina).

A BPMN permite a comunicação por sinal tanto intra (dentro) quanto extra (fora) processos. Ou seja, é possível criar uma comunicação dentro do mesmo processo com o uso de eventos de sinal (envio e recebimento), e o mesmo também se aplica para criar comunicação entre processos.

Aqui fica o alerta: se estiver tratando de processos automatizados com BPMS, o próprio sistema é capaz de controlar esse funcionamento. No caso de um processo sem automatização, precisamos observar cuidadosamente se essa dinâmica de comunicação é viável e real.

Caso contrário, usaremos o elemento da BPMN para descrever o processo, mas o processo não é capaz de fazer o que está descrito – essa ponderação é a chave de toda a "Modelagem da Verdade".

Vale observar que este elemento só envia sinais ao final de uma atividade ou de todo o processo – não é possível iniciar sequências partindo deste elemento.

Sua representação gráfica é semelhante ao evento final simples, tendo por principal diferença a existência de borda dupla preenchida (característica comum aos eventos finais) e o triângulo cheio em seu interior (denotando o envio).

Evento Inicial de Condição

O evento inicial de condição é outro poderoso elemento da BPMN e que pode ser usado em nossa busca pela verdade.

Basicamente, este elemento é utilizado para iniciar ou representar o início de um processo quando uma condição é alcançada. Neste ponto estão o seu poder e a sua maior armadilha.

Se o processo for automatizado, podemos usar este elemento para observar campos e dados em banco de dados, por exemplo. Quando determinada informação existir, o processo inicia sua jornada. Imagine que a inserção de um pedido de cliente no sistema de vendas pode ser monitorada e toda criação de pedido inicia outra atividade importante na organização, como a reposição de estoque etc.

Se o processo não estiver automatizado devemos ter o cuidado de avaliar se existe a configuração humana no processo responsável por uma verificação constante de alguma situação.

Podemos citar, por exemplo, um setor responsável por recebimento e distribuição de correspondências. Sempre que o escaninho possui alguma correspondência, uma pessoa é responsável por verificar o destinatário e realizar a entrega.

Sua representação gráfica é semelhante ao evento inicial simples, tendo por principal diferença a existência de um desenho similar a um formulário em seu interior.

136

Evento Intermediário de Condição

O evento intermediário de condição possui o mesmo comportamento que o evento inicial de condição, sendo a única diferença o seu posicionamento no processo. Obrigatoriamente deve estar entre o início e o fim do processo. Como todo evento intermediário que recebe ou verifica, sua principal característica é parar o processo no ponto em que é inserido, fazendo com que sua continuidade somente aconteça com o alcance da condição estabelecida.

Novamente, o uso de eventos intermediários deve ser sempre muito ponderado, pois pode interromper o processo e deixá-lo em "espera" por mais tempo que o desejado. É preciso – sempre – verificar se o processo possui caminhos e alternativas de continuidade.

Sua representação gráfica é semelhante ao evento inicial de condição, tendo por principal diferença a existência da borda dupla vazada em seu círculo.

Desvio Inclusivo

Na paleta A vimos o elemento "Desvio Exclusivo", que tem por principal característica direcionar a continuidade do processo para apenas um caminho dentre todos que existam. Por outro lado, o desvio inclusivo funciona de forma antagônica ao seu predecessor, pois qualquer caminho

137

pode ser tomado, desde que a informação seja verdadeira e tenha sido recebida.

Ou seja, se para a realização de uma proposta de serviço a organização precisa variar entre equipes e especialidades conforme o escopo, o desvio inclusivo é capaz de agrupar todas as possibilidades combinatórias e fazer a distribuição conforme a informação recebida.

Este é um elemento extremamente poderoso da BPMN, mas que tem sua efetiva capacidade de realização atrelada à condição de existência de atividade anterior para a tomada de decisão, podendo ser uma atividade sistêmica no caso de automatização, ou apenas uma atividade humana de consulta a alguma norma ou regra do negócio.

Portanto, e novamente, utilizar na representação do processo esse tipo de elemento irá depender diretamente da sua real capacidade de consecução. Caso contrário, utilizaremos o poder do elemento em sua definição e especificação, mas estaremos longe da sua mínima condição de funcionamento no dia a dia.

Esse tipo de erro – representar o processo usando o mais poderoso elemento da BPMN mesmo que não seja a realidade – é um dos motivos para a pouca percepção de valor desse tipo de trabalho. Afinal, a organização gasta tempo e dinheiro para fazer a modelagem de seus processos, mas quando os tem, o que foi descrito não equivale à verdade. O mesmo vale para modelagem de melhorias, pois se não houver real capacidade de consecução, foram gastos tempo e dinheiro para a representação do que é inexequível.

Sua representação gráfica é semelhante à do desvio exclusivo, tendo por principal diferença a existência de um círculo em seu interior. Esse círculo, apenas como informação complementar, não é exatamente um círculo, mas sim uma tentativa de representar o operador lógico "OU" (OR). Portanto, o círculo é um "O" maiúsculo.

Desvio Paralelo

Outro poderosíssimo elemento da BPMN e que também gera muita polêmica e mau uso é o desvio paralelo.

Enquanto o desvio exclusivo só permite a continuidade de um caminho, e o desvio inclusivo permite qualquer combinação ou variação, o desvio paralelo é a adição de caminhos em que TODOS existentes a partir do desvio serão realizados. Ou seja, uma vez que o processo tenha em um ponto o desvio paralelo, todas as sequências que partem dele serão iniciadas ao mesmo tempo.

No caso de automatização das atividades, a ferramenta de BPMS faz uma multiplicação momentânea de instâncias neste ponto, esperando o resultado da execução de todos os caminhos abertos para só então unir os resultados e continuar no caminho do processo. Trataremos desse padrão adiante.

No caso de processos sem automatização com BPMS, utilizar um desvio paralelo significa que o processo abrirá diversas frentes de trabalho e em algum momento alguma tarefa, ou alguém, deve unir os resultados para dar prosseguimento ao processo conforme previsto. Se essa condição não for realmente satisfeita, talvez não seja a melhor opção utilizar o desvio paralelo.

É muito comum encontrar o uso do desvio paralelo em trabalhos realizados por uma mesma pessoa.

Será que é possível uma pessoa realizar dois trabalhos ao mesmo tempo?

Se não for possível, a distribuição – realmente – não é paralela, mas sim uma sequência prevista e que permite mudança.

Na modelagem da verdade esse tipo de questionamento é essencial para evitar o mascaramento de problemas e permitir a descoberta de novas oportunidades de melhoria.

Sua representação gráfica é semelhante à do desvio exclusivo, tendo por principal diferença a existência de um símbolo de "mais" (+) em seu interior.

Tarefa de Usuário

Uma atividade/tarefa de usuário é um elemento da BPMN que representa uma pessoa realizando um trabalho COM o auxílio de qualquer tipo de sistema – obrigatoriamente.

Ler um *e-mail*, escrever utilizando um editor de texto qualquer no computador, acessar um aplicativo etc.

Todos esses são exemplos de atividade de usuário. Uma atividade de usuário não pode ser realizada sem a intervenção humana.

Sua representação gráfica é semelhante à atividade não tipificada, tendo por principal diferença a existência de um desenho de uma pessoa em seu interior.

Tarefa Manual

Uma atividade/tarefa manual é um elemento da BPMN que representa uma pessoa realizando um trabalho SEM o auxílio de qualquer tipo de sistema da informação – obrigatoriamente. Imagine sua aplicação em um diagrama de processo para representar qualquer trabalho parecido com: carregar uma caixa, entregar um envelope, carimbar um documento, assinar uma proposta, carregar uma carga, validar um relatório impresso, movimentar um material em um estoque com auxílio de uma empilhadeira etc. Todos

141

estes são exemplos de trabalhos onde podemos utilizar o elemento "tarefa manual".

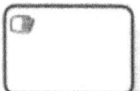

Sua representação gráfica é semelhante à atividade não tipificada, tendo por principal diferença a existência de um desenho de uma "mão" em seu interior.

Objeto de Dados

Finalmente, para encerrar o conjunto de elementos da paleta B, vamos ver o elemento da BPMN chamado de objeto de dados. Um objeto de dados pode ser eletrônico ou físico, e sua utilização no processo serve para evidenciar que um documento é produzido, editado ou consultado ao longo do trabalho. É bastante útil para deixar claro o momento no qual certas informações são cruciais para o correto funcionamento do processo.

Sua representação gráfica se assemelha a uma folha de papel em branco com o canto superior direito dobrado.

EXERCÍCIO II

MAPEAMENTO

Vamos continuar com a evolução do entendimento sobre a GC Computadores. No exercício 1 alcançamos uma visão bastante simples e abstrata sobre os processos que compõem a organização, também conhecido como cadeia de valor – mesmo que ainda sem apresentar o sequenciamento e as dependências entre os processos.

No exercício 2 vamos detalhar um dos principais processos que a organização possui. A escolha do processo para análise foi feita com base em uma avaliação estratégica da própria organização. Nela foram considerados 3 importantes critérios de pontuação criando uma tabela comparativa. Os critérios são:

1. Complexidade

Relacionada diretamente aos tipos de atividades envolvidas no processo. Ao pensar em complexidade não pergunte se a atividade pode ser automatizada, mas sim no que seria necessário/envolvido para que fosse realizada por uma pessoa.

2. Dinâmica

Refere-se ao fato de que alguns processos não mudam com muita frequência e outros mudam rapidamente, seguindo as demandas do mercado.

145

3. Importância estratégica

Ajuda a definir o quanto um processo contribui na entrega dos produtos/ serviços que a empresa produz. Além disso, ajuda a identificar se o processo faz parte da competência principal da organização, além de verificar se é um processo primário, de suporte ou de gestão.

Com os critérios apresentados e pontuando cada processo em uma escala simples de valor de 1 até 4, onde 1 = ótimo, 2 = bom, 3 = regular e 4 = ruim, a organização elencou os processos diagramados anteriormente e obteve a seguinte informação sobre o alinhamento com os objetivos executivos:

1. Criar Produtos;

2. Vender Produtos;

3. Pagar Fornecedores;

4. Gerenciar Estoque.

Processo	Complexidade	Dinâmica	Importância estratégica
Criar Produtos	4	3	2
Vender Produtos	2	2	1
Pagar Fornecedores	2	3	4
Gerenciar Estoque	3	2	3

Somando os pontos atribuídos em cada critério para cada processo, a organização alcançou o seguinte resultado:

Processo	Resultado
Criar Produtos	9
Vender Produtos	**5**
Pagar Fornecedores	9
Gerenciar Estoque	8

Por ter alcançado o melhor (menor) resultado, e de forma bastante simples, mas suficiente para promover um direcionamento mínimo de esforços, a organização considerou o processo de vender produtos como o "alvo primário" para o esforço de levantamento de informações, mapeamento e análise. Sendo assim, está definido o escopo deste exercício.

Objetivo deste exercício

Ajudar o leitor a dar o segundo passo para a realização prática da modelagem da verdade usando as Paletas A e B.

Como fazer este exercício

1. Leia a "descrição do trabalho" para entender e identificar as principais atividades envolvidas na realização do processo de vender produtos;

2. Abra o diagrama do exercício 1 e crie uma nova área de trabalho;

3. Faça a diagramação do que está detalhado textualmente na descrição do trabalho;

4. Consulte as paletas A e B para tirar eventuais dúvidas sobre os elementos sugeridos;

5. Quando seu diagrama estiver pronto, consulte os exercícios resolvidos;

6. Veja o resultado e compare com o seu trabalho;

7. Caso seja necessário, faça as correções sugeridas na resposta.

Descrição do Fluxo de Trabalho

Importante:

Hipoteticamente, a descrição a seguir foi conseguida por meio de entrevistas realizadas com os participantes dos processos, porém, o trabalho foi documentado apenas na forma textual – sem diagramação.

Leia a descrição do trabalho identificando nos verbos as ações (atividades) e, quando for diagramar as atividades, coloque-as com o verbo no infinitivo denotando claramente a ação que cada uma realiza.

Observe a indentação do texto na tentativa de evidenciar uma sequência lógica e/ou hierárquica dos acontecimentos, não deixando de observar os pontos de decisão e as condições que são avaliadas.

1. **Atendente Vendas** - Ao acessar a caixa de correio (*e-mail*)
   a. Verifica se existe a entrada de um novo pedido
      i. Se não existe pedido, encerra
   b. Se novo pedido, consulta dados do pedido
      i. Confere se produto em estoque
   c. Se produto em estoque, encaminha reserva e
      i. Encaminha pedido para faturamento
      ii. Se produto sem estoque, encaminha solicitação para engenharia e encaminha pedido para faturamento informando status do produto em estoque

2. **Atendente faturamento** – Ao acessar a caixa de correio (*e-mail*)
   a. Verifica se existe a entrada de um novo pedido
      i. Se existe pedido de faturamento
         1. Insere dados do pedido no sistema de faturamento
         2. Gera boleto de pagamento
         3. Envia boleto para o cliente
         4. Agenda confirmação de pagamento
      ii. Se está na data de confirmação de pagamento
         1. Consulta sistema para verificar se boleto foi pago
            a. Se pago, envia liberação para estoque
            b. Se não pago, envia confirmação de cancelamento para o cliente.

3. **Atendente Estoque** – Ao acessar a caixa de correio (*e-mail*)

149

   a. Verifica entrada de liberação de produto (quando pago)

   b. Consulta estoque

      1. Se produto pronto

         a. Envia para entrega

         b. Insere informação de baixa no sistema de estoque

         c. Envia *e-mail* para cliente e faturamento informando entrega e prazo

      2. Se produto indisponível

         a. Comunica faturamento

         b. Agenda verificação posterior de liberação do produto em estoque

Prática

Após ter realizado a leitura do fluxo de trabalho, você entendeu como acontece o processo de vendas da GC Computadores. Com essas informações, e que serão reutilizadas em outros exercícios, seu próximo trabalho é:

1. Criar um diagrama em BPMN contendo o processo de vendas (ponta a ponta) da GC Computadores utilizando os elementos das Paletas A e B;

2. Evidenciar no diagrama a sequência de atividades e os desvios do processo de vender produtos da GC Computadores;

3. Salvar o diagrama criado, pois continuaremos sua evolução nos próximos exercícios.

Lembrete:

- Em caso de dúvida, reveja a explicação sobre o elemento da BPMN antes de utilizá-lo no seu diagrama;
- Somente quando seu trabalho estiver pronto, consulte os exercícios resolvidos.

ANOTAÇÕES

151

PALETA C
AVANÇADA

VISÃO OPERACIONAL

Objetivos
- Visão em nível de atividades, tarefas humanas e transacionais
- Utilização para camada gerencial, operacional e TIC
- Fluxos completos com representação de integração sistêmica e dados
- Visão clara da interoperabilidade de processos e tecnologias
- Evidenciação de telas de trabalho, usabilidade e reutilização de sistemas

Elementos da BPMN

Paleta C - Avançada

Evento Inicial de Recebimento de Mensagem

O evento inicial de recebimento de mensagem é um elemento da BPMN que gera bastante discussão em sua utilização quando não há automatização de atividades dos processos com BPMS. Vamos entender o motivo.

Quando há automatização de processos com BPMS, ao utilizar o evento inicial de recebimento de mensagem estamos descrevendo um processo que será iniciado sempre que determinada mensagem (ou mensagens – quando existe no processo mais de um início de recebimento de mensagem) for recebida pelo BPMS. Ou seja, o gatilho do processo é verdadeiramente o recebimento de uma mensagem. E aí está o problema de muitos diagramas de processos sem BPMS. Permita-me explicar melhor essa questão.

Se você consultar as 538 páginas da especificação original da BPMN 2.0 (versão utilizada como referência nesta obra), encontrará uma descrição bastante completa de todos os seus elementos, porém, notará que a notação não tenta exemplificar sua utilização dentro ou fora de um BPMS. Ou seja, muitos partem do entendimento inicial sobre os elementos, suas proibições e normas e começam a diagramar. Boa parte das ferramentas de modelagem é capaz de fazer validações mínimas e eliminar algumas tentativas equivocadas de uso dos elementos, porém, nenhuma ferramenta trata de validar a semântica (o significado efetivo) dos diagramas, apenas tratam da validação de sua estrutura formal de regras – sua sintaxe.

Nesta obra proponho a utilização dos elementos respeitando a notação, mas acrescentando a responsabilidade de validação de sua semântica contra a verdade organizacional/processual.

154

Sendo assim, ao utilizar o evento inicial de recebimento de mensagem, precisamos validar se é realmente a chegada de uma mensagem (i.e. um *e-mail*) que inicia um processo. Ou, ao verificar essa condição, descobrimos que – na verdade – o colaborador faz outras ações e então "descobre" que existe uma mensagem e, assim, dá início ao processo. Veremos adiante alguns exemplos práticos.

Na "modelagem da verdade" só utilizaremos o evento inicial de recebimento de mensagem se o processo tiver como gatilho automático a condição original deste evento. Se o início do processo não é automatizado, ou ao menos é "sensibilizado" pela evidência de chegada de uma mensagem para um participante do processo, trataremos de descobrir quais são as reais condições e utilizaremos outro elemento para representar esse início, pois, normalmente, nessas pequenas quebras é que encontraremos grandes origens para os problemas em geral.

Sua representação gráfica é semelhante ao evento inicial vazio/simples, tendo por principal diferença a existência de um envelope vazado em seu círculo.

Evento Intermediário de Recebimento de Mensagem

Este evento deve ser utilizado para "recepcionar" ou "coletar" mensagens que chegam entre o início e o final de um processo. Assim como outros

155

eventos intermediários, ele também possui a característica original de representar um atraso no andamento do processo. Ou seja, ao inserir um evento intermediário de recebimento de mensagem no processo, você está claramente declarando que o processo, naquele fluxo, ficará parado aguardando a chegada de uma determinada mensagem.

Se os processos forem automatizados com BPMS, as mensagens serão trocadas de forma eletrônica e entre processos diferentes. No caso de processos sem uso de BPMS, a chegada de mensagens, normalmente, tende a se referir à chegada de *e-mails*. Esse tipo de uso é bastante nocivo ao processo e sua semântica, pois denota uma fluidez ilusória, uma vez que a chegada de *e-mails*, normalmente, necessita da realização de outras atividades ou tarefas. Por isso, podemos entender que não são realmente "eventos" de chegada de mensagens, apenas resultados de trabalhos.

Conforme o objetivo da modelagem da verdade, devemos representar a realidade em sua forma mais evidente, sem usar de artifícios de simplificação. No caso de *e-mails*, usar eventos iniciais ou intermediários de recebimento de mensagem é o equivalente a camuflar importantes pontos de falha de comunicação, *handoffs*, gargalos, quebras e, com isso, perder a noção de origem dos problemas de retrabalho, incapacidade e desperdício no processo.

Veremos exemplos de utilização desse elemento adiante no livro quando tratarmos de *design patterns* e exercícios resolvidos.

Sua representação gráfica é semelhante ao evento inicial de recebimento de mensagem, tendo por principal diferença a sua borda externa dupla vazada (dois círculos compondo um).

Evento Intermediário de Envio de Mensagem

O evento intermediário de "envio" de mensagem é muito similar em especificação e uso em relação ao evento anteriormente descrito. Sua principal diferença está na direção da mensagem, realizando agora o envio ou saída de uma mensagem do processo para outro participante.

Devemos levar em consideração todas as ponderações anteriormente feitas quando pensarmos em utilizar este poderoso elemento da BPMN. Vamos voltar ao exemplo do *e-mail*. Se o processo pretende evidenciar que uma mensagem, no caso um *e-mail*, é enviado quando certa atividade do processo é realizada, devemos ponderar se o envio da mensagem é automático (caso de BPMS) ou se o participante/ator do processo precisará redigir, coletar dados, compor informações e, então, finalmente enviar. Perceba a diferença.

Em um processo automatizado, a chegada de uma sequência até o evento intermediário de envio de mensagem faz com que este evento "dispare" uma mensagem para fora do processo atual.

Em um processo humano – não automatizado – o término de uma etapa ou atividade do processo demanda que o participante/ator do processo prepare um *e-mail*, informando destinatário, escrevendo o texto, compondo informações e enviando a mensagem. Note que são duas realizações completamente distintas em termos de tempo, custo, falha, variação na qualidade da informação, alocação de recursos etc.

Por esse motivo, e respeitando os princípios da modelagem da verdade, devemos sempre verificar se não estamos incorrendo em uma perigosa simplificação do processo quando utilizamos este elemento.

Novamente, a utilização indiscriminada deste tipo de evento pode nos levar a perder a noção de origem de problemas de retrabalho, incapacidade e desperdício no processo.

Sua representação gráfica é semelhante ao evento intermediário de recebimento de mensagem, tendo por principal diferença o envelope preenchido em seu interior – caracterizando o "lançamento" de informação.

Evento Final de Envio de Mensagem

Continuando com os elementos da BPMN que tratam de mensagens – informações entre processos com destinatários específicos – veremos agora o comportamento do evento "final" de envio de mensagem.

O evento anterior lança uma mensagem entre o início e o final de um processo. A grande diferença comparando com este evento é o "momento" no qual a mensagem é enviada. Obviamente, e conforme o próprio nome do elemento deixa claro, este elemento envia uma mensagem ao final de uma etapa do processo (ou de todo o processo). Ainda utilizando a referência ao *e-mail*, vamos imaginar o seguinte:

Um processo automatizado com BPMS possui uma sequência que se conecta a um evento final de envio de mensagem. Essa conexão caracteriza o envio imediato de uma mensagem (em vários formatos) para um destinatário específico sem qualquer intervenção humana e contendo a informação trafegada dentro da sequência do processo.

Já no caso do processo humano – não automatizado – esta mesma sequência não faria tanto sentido, pois a intervenção humana para preparação do *e-mail*, composição do texto etc., se faria necessária.
Portanto, devemos seguir os princípios da modelagem da verdade e sempre verificar se não estamos incorrendo em uma perigosa simplificação do processo quando utilizamos este elemento.

Se existe um trabalho que precisa ser realizado para finalizar o processo e enviar uma mensagem, obviamente, temos uma tarefa/atividade – e não um evento.

Se o término de alguma tarefa/atividade "dispara" automaticamente o envio de uma mensagem sem qualquer intervenção humana complementar, então podemos considerar o uso deste evento.

Sua representação gráfica é semelhante ao evento intermediário de envio de mensagem com o envelope preenchido em seu interior e a borda dupla do círculo preenchida – característica dos eventos finais.

Desvio Exclusivo Baseado em Eventos

Este talvez seja um dos elementos mais poderosos da BPMN, mas, ao mesmo tempo, pouco utilizado na automatização por restrições de implantação em alguns produtos. Quando é utilizado em modelos de processo sem BPMS incorre em diversos erros e mau uso.

O desvio exclusivo baseado em eventos é um desvio que possui uma grande diferença entre outros desvios (*gateways*). A maior parte dos desvios demanda que uma decisão seja tomada anteriormente para que a informação necessária seja entregue ao desvio. No caso deste elemento, não há necessidade de que a decisão seja tomada – pelo contrário.

Quando utilizamos este elemento estamos declarando que não sabemos o que irá acontecer e, por isso, deixaremos a continuidade do processo a cargo da ocorrência de determinados eventos.

Ou seja, se não houver uma forma no processo de garantir determinada situação, mas sabendo que algumas "situações" são previstas ou esperadas, nesse ponto podemos representar o processo sem a distribuição de fluxo ou atividades com base em resultados anteriores. Deixaremos o futuro decidir qual o próximo passo.

Resumidamente, se quisermos pensar em linha de tempo de um processo, podemos dizer que os desvios exclusivos, inclusivos e paralelos tratam de algo que já aconteceu e com esse resultado definem os próximos passos do processo.

No caso do desvio exclusivo baseado em eventos, estamos tratando do futuro, ponderando sobre possibilidades de ocorrência, captura de eventos e os caminhos necessários para lidar com cada tipo de situação prevista e suas exceções.

Nesta paleta utilizamos o desvio exclusivo baseado em eventos. Este tipo, interruptivo, determina que apenas um caminho seja realizado quando da ocorrência de determinado evento, e todos os outros existentes serão esquecidos/eliminados.

Em processos automatizados, a responsabilidade de eliminar a possibilidade de realização dos outros caminhos quando um evento acontece cabe ao BPMS.

No caso de processos humanos, não automatizados, devemos verificar quais são os controles e garantias de que caminhos paralelos e indesejados não serão realizados.

161

Se o processo humano não tem, ou não terá, condições de arcar com a responsabilidade de garantir a correta realização, conforme a definição deste elemento, é mais aconselhável tratar suas variações utilizando combinações de outros desvios ou criando atividades complementares para a verificação da ocorrência de eventos.

Sua representação gráfica é feita por um losango de borda simples contendo em seu interior um círculo de borda dupla vazada e envolvendo um pentágono.

Fluxo de Mensagem

O elemento chamado "fluxo de mensagem", ou simplesmente mensagem, é o elemento da BPMN utilizado para evidenciar a troca de informações entre elementos preparados para tal e sempre entre "piscinas".

Ou seja, quando um elemento dentro de um processo é utilizado para demonstrar/realizar o envio de uma mensagem para outro processo, este é o elemento utilizado para indicar a conexão entre ambos.

Não é possível realizar a conexão por fluxo de mensagem dentro de um mesmo processo, assim como não é possível realizar a conexão entre elementos de processos diferentes por meio de fluxos de sequências.

Devemos pensar nas mesmas considerações feitas nos eventos de recebimento e envio de mensagem sempre que for possível a utilização deste elemento.

É um processo automatizado com BPMS e existe a troca de mensagem entre processos? Ok. Este é o elemento que deve ser utilizado para evidenciar/realizar tal ação.

Não é um processo automatizado? Provavelmente estamos tratando de troca de informações com intervenção humana na forma de *e-mails*. Um fluxo de mensagem não é utilizado para demonstrar o envio de *e-mails*.

Este elemento foi concebido para denotar a comunicação automatizada e controlada entre processos orquestrados por BPMS.

Sua representação gráfica é semelhante ao fluxo de sequência, mas é constituído de início ao fim por uma linha tracejada.

Tarefa de Serviço

O elemento "tarefa de serviço" ou "atividade de serviço" é o elemento da BPMN responsável por realizar um trabalho de forma totalmente automatizada. Ou seja, em contrapartida aos elementos de tarefa do tipo "usuário" e "manual", em uma tarefa de serviço não existe a intervenção humana para que por ela seja realizada – nem mesmo um apertar de botão.

Uma tarefa de serviço é utilizada para demonstrar uma ação do processo que será realizada com o artifício de um *Web Service* ou outra funcionalidade sistêmica totalmente automatizada.

É a demonstração de que existem comunicação e processamento sendo realizados sistemicamente.

Segundo os princípios da modelagem da verdade, sempre que existir a intenção de uso deste elemento devemos antes verificar se ele representa o que acabamos de ver.

É um processamento sem qualquer tipo de ação/intervenção humana?

Se sim, ok. Caso não seja essa a condição, outro tipo de tarefa deve ser utilizado na representação do trabalho.

Seguindo o exemplo do *e-mail*, teríamos a seguinte utilização:

Em um processo automatizado com BPMS, as atividades seguem o fluxo determinado e em dado momento uma tarefa de serviço é acionada para processar um pedido e enviar uma notificação.

Essas ações seriam realizadas sem a necessidade de conhecimento ou intervenção de qualquer pessoa. Este é o elemento para representar e realizar esse tipo de trabalho.

No caso de um processo humano, não automatizado, o mesmo processo segue seu caminho e um profissional atua para realizar o registro de um pedido e gerar seu processamento em um sistema da organização. Quando

164

www.GartCapote.com

o registro é efetuado, o profissional coleta o número do protocolo e o encaminha por *e-mail* para um próximo participante do processo. Nesse caso, o elemento de BPMN correto para representar esse trabalho seria uma "tarefa de usuário".

Sua representação gráfica é semelhante à atividade não tipificada, tendo por principal diferença a existência de um desenho de duas engrenagens sobrepostas em seu interior no topo esquerdo.

Tarefa de Script

Uma "tarefa de *script*" ou "atividade de *script*" é o elemento da BPMN responsável por realizar um trabalho automatizado – nada mais. De forma bastante simples, podemos entender um *script* como uma sequência de ações que um computador realizará. Essa sequência, parecida com um roteiro, deve ser descrita em um idioma que o sistema entenda. Ou seja, dependendo do produto de BPMS, diferentes idiomas/linguagens são utilizados para escrever tais sequências de ações.

Seguindo a proposta desta paleta (avançada), o uso deste elemento é restrito para processos que possuem algum nível de automatização, pois assim como a tarefa de serviço, uma tarefa de *script* realiza suas ações sem qualquer tipo de intervenção humana – e para isso foi desenvolvida.

165

Imagine que no fluxo do processo existe a necessidade de calcular impostos, taxas, margens e outras configurações importantes na composição de preço final. Uma tarefa de *script* pode ser utilizada para realizar esses cálculos e, assim que o trabalho for realizado, o resultado será entregue para o próximo passo do processo.

Não é correto tentar utilizar este elemento para representar o trabalho humano de realizar cálculos, validações, conferências etc. Para esse tipo de trabalho devemos utilizar "tarefa de usuário" ou, dependendo do caso, até mesmo uma "tarefa manual".

Na modelagem da verdade o uso deste elemento só é possível quando da adoção de automatização de processos com BPMS.

Apenas para ratificar a ideia: um *script* de atendimento telefônico, por exemplo, não pode ser representado por esse elemento. Se o *script* é consultado em um computador, usaremos "tarefa de usuário", se é consultado em um impresso qualquer, usaremos "tarefa manual".

Sua representação gráfica é semelhante à atividade não tipificada, tendo por principal diferença a existência de um desenho em seu interior no topo esquerdo parecido com um papel de extrato bancário.

Tarefa de Regra de Negócio

Uma tarefa de regra de negócio pode ser entendida como um tipo especial de tarefa de serviço, e sua realização também é completamente dependente da utilização de um BPMS.

Em termos práticos, uma tarefa de regra de negócio é um "local" em que podemos descrever regras de negócio para o processo, e este processo automatizado, ao alcançar tal tarefa, realiza o processamento necessário e devolve o resultado para a sequência de elementos.

É muito comum encontrar modelos de processos não automatizados contendo esse elemento para descrever que o processo possui regras de negócio. Ok. Entendo a ideia e acho até interessante, porém, não evidenciar a "forma" como a regra é consultada, processada e como o seu resultado é entregue pode levar ao mesmo problema da simplificação extremada – quando podemos perder a noção de origem de problemas de retrabalho, incapacidade e desperdício no processo.

Portanto, se o processo não é automatizado, devemos verificar com bastante cautela se é "verdadeiro" ou "verossímil" representar este complexo e decisório trabalho que é determinar os próximos passos do negócio conforme regras predefinidas.

Imagine o caso de uma aprovação de concessão de crédito. Se o profissional não tiver acesso ao último estado das regras do negócio, pode incorrer em erros que podem custar o resultado de uma organização.

167

Quando esse tipo de trabalho está totalmente automatizado, o motor de regras de negócio (existente no BPMS) é o responsável por fornecer esse resultado, essa decisão. No caso de consulta à última versão da regra de negócio da organização para determinada situação, quando realizada por uma pessoa utilizando um sistema, deve ser representado por uma "tarefa de usuário". Se não houver qualquer sistema envolvido na consulta, somente impressos em papel, devemos utilizar a "tarefa manual" para representar o trabalho.

Sua representação gráfica é semelhante à atividade não tipificada, tendo por principal diferença a existência de um desenho em seu interior no topo esquerdo parecido com uma tabela.

Tarefa de Recebimento

Propositalmente deixei as tarefas de recebimento e envio de mensagem por último nessa descrição da paleta. O motivo é bastante simples: estamos usando muito estes elementos – e usando errado!

Vamos começar a explicação pela tarefa de recebimento de mensagem.

Uma "tarefa de recebimento" ou "tarefa de recebimento de mensagem" é um elemento da BPMN criado para representar um trabalho do processo que aguarda a chegada de uma mensagem externa ao processo para continuar o fluxo ou até mesmo dar início ao processo. Sua concepção foi pensada para utilização em um produto de BPMS – não foi criada e nem deve ser utilizada para representar a chegada de um *e-mail* para o colega da empresa. Perceba a diferença.

Por exemplo: um participante do processo, uma pessoa, precisa verificar se o *e-mail* de autorização da diretoria chegou ao seu correio eletrônico, porém, esse mesmo participante está em reunião durante toda a tarde de sexta-feira. A reunião termina após as 18h, e a primeira coisa que essa pessoa faz é ir até sua mesa, desligar o computador, pegar suas coisas e correr para casa.

A mensagem de aprovação foi enviada para ele às 14h da mesma sexta-feira e este era o último dia para inscrição do profissional em uma capacitação interna. Na segunda-feira, ao verificar seu *e-mail*, tristemente ele perceberá que perdeu a oportunidade.

Esse mesmo processo, se automatizado, assim que o diretor tivesse autorizado a participação, o resultado (mensagem) seria encaminhado para o processo e sua inscrição estaria confirmada alguns segundos ou minutos após.

Notou como é diferente?

Portanto, utilizar uma "tarefa de recebimento" para descrever a chegada do *e-mail* é o mesmo que dizer para uma pessoa em treinamento:

Toda vez que um *e-mail* contendo um assunto diferente chegar, você deve começar outra atividade – imediatamente. É esse o tipo de trabalho ou comportamento que a organização quer de seus colaboradores? Se sim, pode usar esse elemento.

Se não for este o caso, devemos utilizar a boa e genérica "tarefa de usuário" para representar a consulta ao *e-mail* em si, e, além disso, a periodicidade de consultas ao correio eletrônico e suas condições podem definir os eventos iniciais ou intermediários deste mesmo processo.

Espero que tenha ficado claro, mas para não haver dúvidas quanto ao uso deste elemento para a "modelagem da verdade", vou parafrasear um famoso comentarista esportivo e dizer:

"A regra é clara!"

Se não há a condição de espera continuada pela chegada da mensagem, e se o início ou a continuidade do processo não se dão imediatamente após o atendimento desta condição, não devemos usar uma "tarefa de recebimento".

A "tarefa de recebimento" foi criada para uso em processos que funcionam em BPMS. Não é para representar uma simples consulta ao *webmail* ou qualquer coisa parecida. Sei que é tentador, mas está errado. Não é uma questão de estilo ou gosto, isso pode, simplesmente, arruinar um modelo de processo.

Afinal de contas, se estamos buscando entender ou projetar a verdade sobre a capacidade de realização de uma organização, seus produtos e serviços, não faz o menor sentido usar esse tipo de "mágica processual" – onde existe uma grave falha nos processos, nós incautamente vamos lá e diagramamos uma perniciosa e inquestionável ilusão de fluidez e continuidade.

Isso está errado em todos os sentidos. No sentido da veracidade da informação que estamos fornecendo, na clara despreocupação com a descoberta de causa raiz de problemas, na total desconexão com a realidade organizacional, na incapacidade de prover documentos capazes de guiar um treinamento adequado, na total discrepância da noção de alocação de recursos, tempo, capacidade etc. Um dos principais problemas em qualquer tipo e porte de organização é a contumaz falha de comunicação. Não é mascarando essas falhas que vamos aprender a resolver e projetar melhores processos.

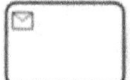

Sua representação gráfica é semelhante à atividade não tipificada, tendo por principal diferença a existência de um desenho de envelope vazio em seu interior no topo esquerdo.

Tarefa de Envio

Depois de ter explicado a "tarefa de recebimento" fica bastante simples e direto explicar a "tarefa de envio". Considere todas as condições apresentadas no elemento anterior, retire a função de aguardar a chegada e substitua pela função de enviar uma mensagem. Pronto. Agora temos o elemento chamado de "tarefa de envio" ou "tarefa de envio de mensagem". Este elemento também foi criado para ser utilizado em processos automatizados em BPMS. Além disso, é uma tarefa bastante simples, rudimentar, e sua ação se resume a utilizar uma informação recebida para compor e enviar uma mensagem para outro elemento do processo capaz de receber (tarefa ou evento). Assim que o envio é realizado a tarefa é encerrada e o fluxo do processo segue seu caminho definido.

Devemos ter igual cuidado ao utilizar este elemento para descrever trabalhos que envolvem a interação humana, pois, fazendo uma analogia bastante simples, seria o equivalente a representar que uma pessoa pressiona o botão de "enviar" em seu correio eletrônico. Fora isso, talvez não haja outro uso para essa tarefa quando envolve uma pessoa.

Um lembrete importante:

BPMN não foi criada para especificar sistemas e suas funcionalidades. Existem notações específicas para o desenvolvimento de *software*s. BPMN foi criada para especificar processos automatizáveis com BPMS.

Sei que muitos gostam de tentar utilizar a BPMN para tal propósito, mas fazer isso é mais uma tentativa equivocada de alcançar o Eldorado da criação de soluções sistêmicas sem codificação – conhecido também por "*zero code solution*" e outras variações. Ainda estamos longe desse nível de evolução.

No caso de haver uma integração com um módulo do ERP responsável por gerar notas fiscais, podemos utilizar uma "tarefa de serviço" para representar tal ação. Caso a entrada dos dados da nota fiscal no ERP seja feita por uma pessoa, devemos usar uma "tarefa de usuário" para representá-la.

É muito importante atentar para esses detalhes, pois quando estivermos trabalhando os cálculos de custos, capacidade, tempo dos processos etc., esse tipo de variação fará muita diferença nos resultados alcançados. Sua representação gráfica é semelhante à atividade não tipificada, tendo por principal diferença a existência de um desenho de envelope cheio em seu interior no topo esquerdo.

EXERCÍCIO III

REFINAMENTO

Objetivo deste exercício

Ajudar o leitor a dar o terceiro passo para a realização prática da modelagem da verdade usando as Paletas A, B e C.

Como fazer este exercício

1. Analise o diagrama criado por você anteriormente (usando as Paletas A e B) e localize os pontos onde poderíamos "trocar" de elementos da BPMN, especificamente tentando utilizar os elementos apresentados na Paleta C;

2. Faça as alterações necessárias respeitando os critérios de Relevância, Veracidade e Conexão, além da explicação de cada elemento da Paleta C;

3. Veja o resultado e compare com o seu trabalho;

4. Caso necessário, faça as correções sugeridas na resposta.

Atenção:

Apesar de sua simplicidade de enunciado, talvez este seja o exercício mais difícil de consecução. Antes de agir, pense muito e pondere a troca de cada elemento.

ANOTAÇÕES

Considerações finais

Já ouvi em diversas ocasiões pessoas dizendo que não faz mal utilizar este ou aquele elemento da BPMN para representar certas atividades, pois é apenas uma forma de deixar o diagrama mais claro para quem está lendo. Não concordo e não acredito nessa afirmação. Afinal, a curva de aprendizado para ler e usar o elemento correto é a mesma para ler e usar o elemento errado. Muitas das vezes essa "complacência" serve para mascarar o desconhecimento do modelador ou, pior ainda, serve apenas para "agradar" o cliente e conseguir o próximo passo contratual ou projeto.

Uma coisa é saber o que cada elemento da BPMN é capaz de fazer. Ler a especificação é suficiente para isso. Outra coisa é saber qual elemento é capaz de representar com maior veracidade o que a organização é ou não capaz de fazer. Ponderar sobre a utilização de cada elemento é mandatório para isso.

Nesta obra tratamos da "Modelagem da Verdade" e, seguindo essa abordagem, produziremos modelos robustos e sem contornos técnicos equivocados, ou que sejam demasiadamente simplistas.

Espero que você tenha entendido a conexão direta entre a fisiologia do cérebro humano e a nossa tendência de buscar e seguir certos padrões de comportamento. Mais ainda, que você tenha observado, analisado e identificado os bloqueios apresentados e, assim, percebido como eles são poderosos e ocultos em nosso dia a dia, tanto no nível pessoal quanto no profissional.

A Modelagem da Verdade é extremamente poderosa se você seguir as orientações apresentadas e, principalmente, tiver coragem de questionar

179

como os processos foram e estão sendo representados até agora. É quase um ato de rebeldia profissional. A resistência será muito grande. Muitos tentarão fazer você desistir, afinal, o que você está produzindo com a Modelagem da Verdade é, simplesmente, uma contundente evidência da distância/lacuna (um enorme *gap*) entre o que se diz que é feito e o que REALMENTE é feito.

É a evidência final sobre o **Vácuo de Entendimento** (a ausência de elementos) que existe entre as visões de processos, da operação e da própria gestão organizacional.

Processos Organizacionais

Fluxograma

Lógica desejada/percebida de realização

VÁCUO DE ENTENDIMENTO
Vazio entre o que é dito/documentado
e o que realmente acontece nas organizações

Modelagem da Verdade

Forma real de realização dos trabalhos

Tenho plena ciência de que, por estes e outros motivos, a Modelagem da Verdade pode gerar opositores vorazes, mas também pode criar defensores igualmente entusiasmados devido à incrível melhoria da capacidade analítica de um modelo criado segundo esta abordagem.

Coragem! Aplique o conhecimento aqui compartilhado e siga o caminho da entrega de valor com modelagem de processos. Isso é possível e acabamos de entender como fazer.

Não busque a unanimidade inicial. Antes, será preciso difundir o conhecimento e a prática, mas, por experiência própria, posso dizer que é viável.

Sendo assim, digo uma última vez:

"Fuja do fluxograma, modele a verdade, evidencie o vácuo de entendimento e encontre novas e poderosas oportunidades de melhoria que estavam escondidas até agora."

Vamos em frente.

181

Exercícios Resolvidos

Acesse o site www.GartCapote.com e clique em "Fuja do Fluxograma" para ouvir as explicações gravadas que tratam dos exercícios deste livro.

Se preferir, nas próximas páginas você também encontra o resultado resumido com os exercícios resolvidos.

Exercício 1

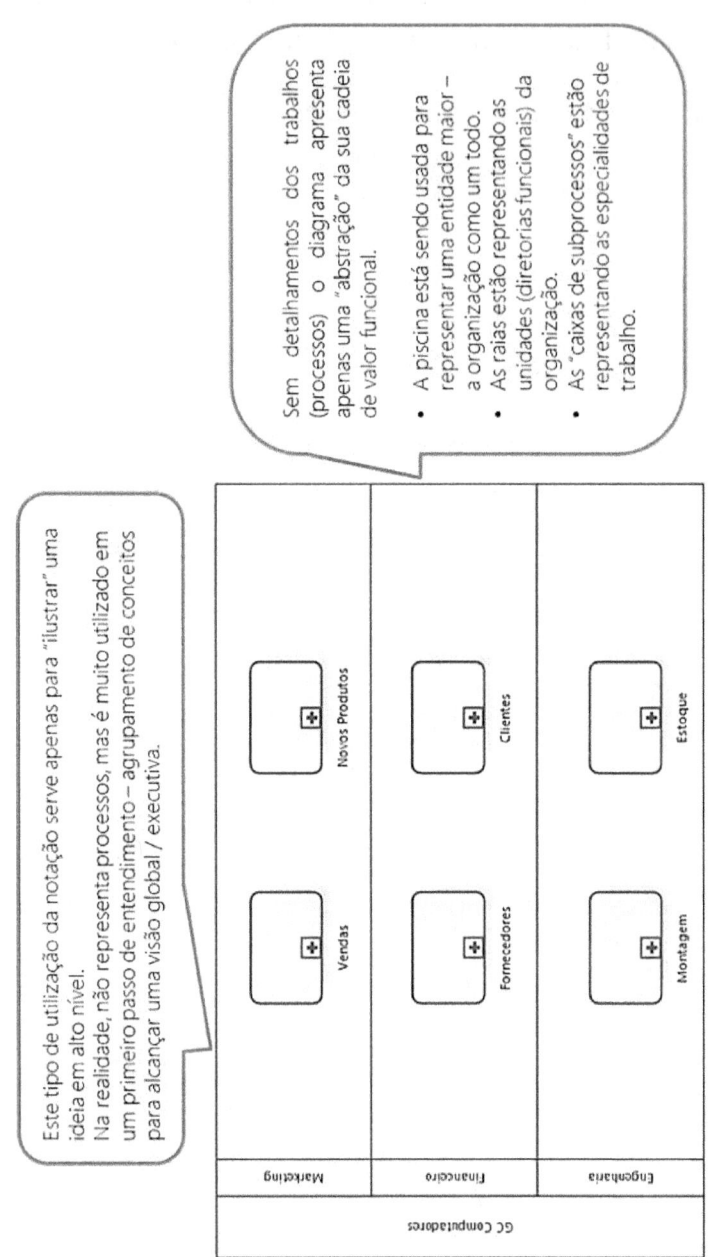

Sem detalhamentos dos trabalhos (processos) o diagrama apresenta apenas uma "abstração" da sua cadeia de valor funcional.

- A piscina está sendo usada para representar uma entidade maior – a organização como um todo.
- As raias estão representando as unidades (diretorias funcionais) da organização.
- As "caixas de subprocessos" estão representando as especialidades de trabalho.

Este tipo de utilização da notação serve apenas para "ilustrar" uma ideia em alto nível.

Na realidade, não representa processos, mas é muito utilizado em um primeiro passo de entendimento – agrupamento de conceitos para alcançar uma visão global / executiva.

Exercício 2

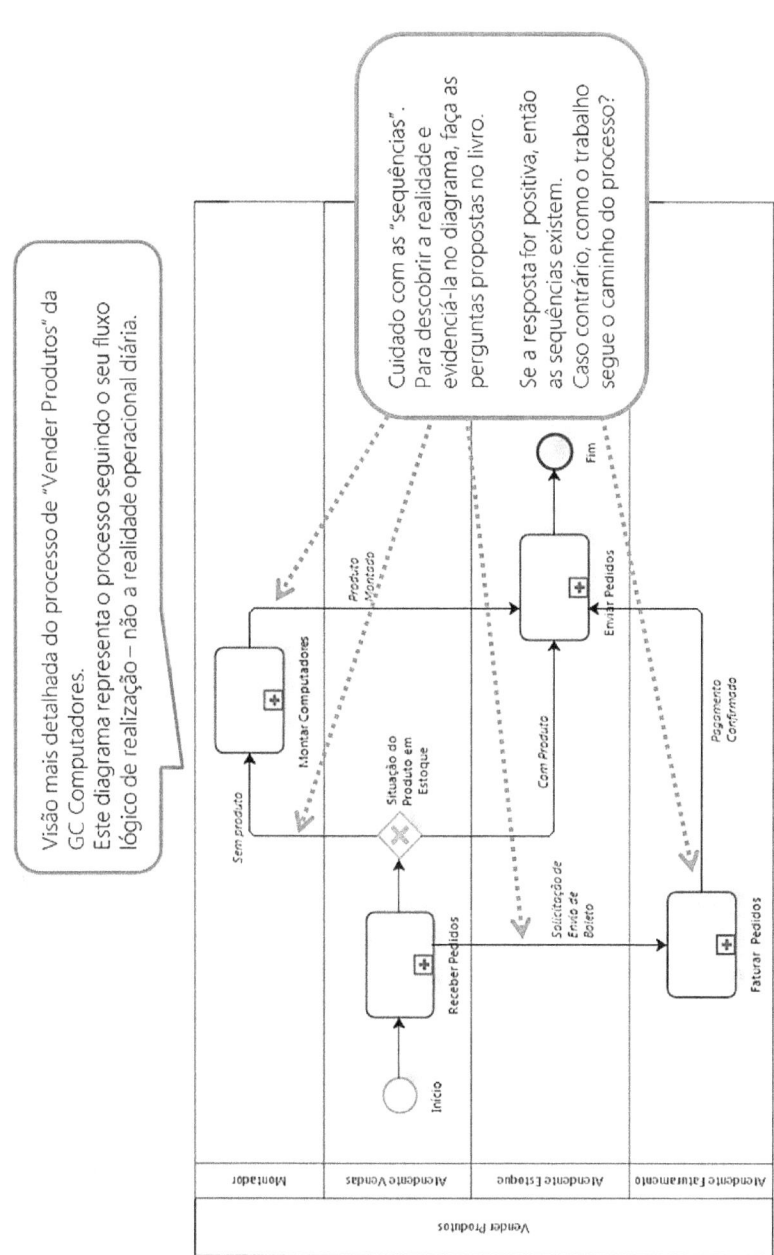

Visão mais detalhada do processo de "Vender Produtos" da GC Computadores.
Este diagrama representa o processo seguindo o seu fluxo lógico de realização – não a realidade operacional diária.

Cuidado com as "sequências". Para descobrir a realidade e evidenciá-la no diagrama, faça as perguntas propostas no livro.

Se a resposta for positiva, então as sequências existem.
Caso contrário, como o trabalho segue o caminho do processo?

Exercício 3

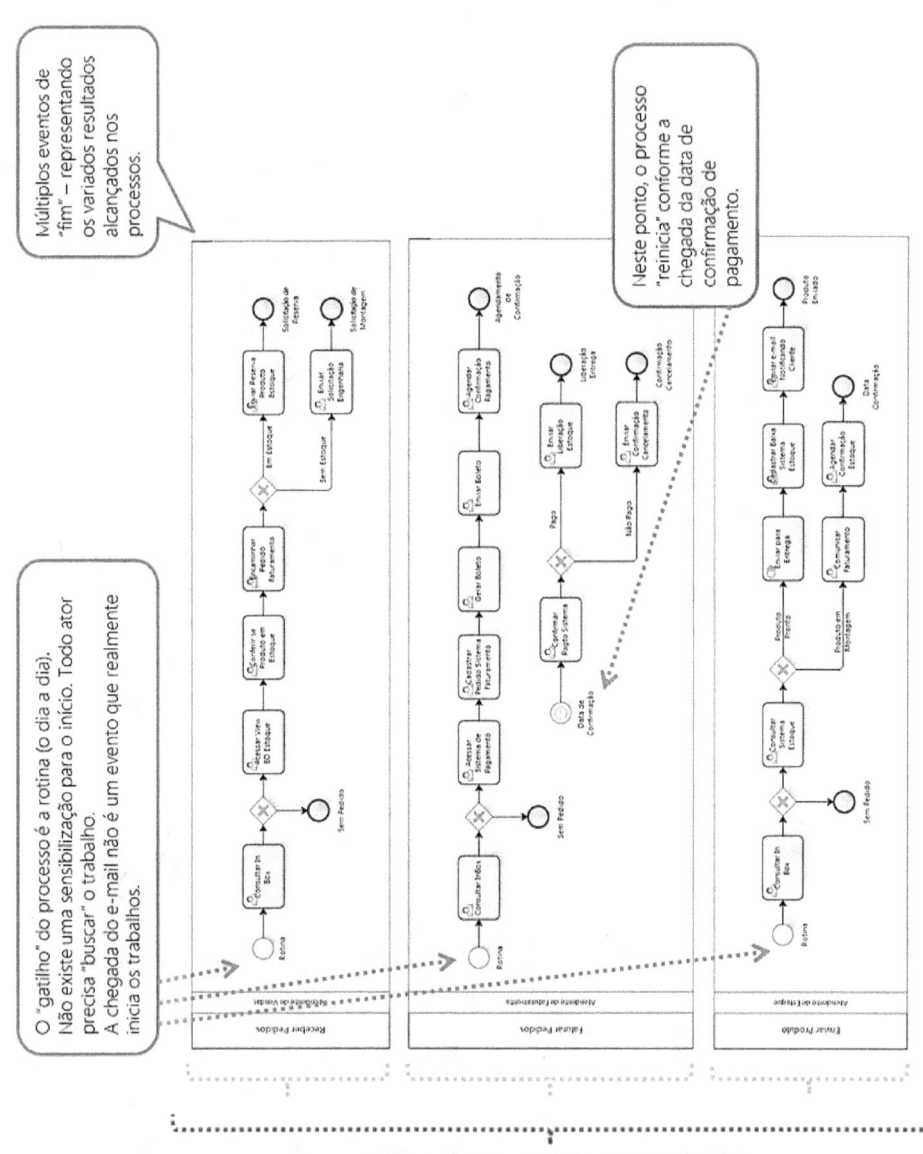

O "gatilho" do processo é a rotina (o dia a dia). Não existe uma sensibilização para o início. Todo ator precisa "buscar" o trabalho. A chegada do e-mail não é um evento que realmente inicia os trabalhos.

Múltiplos eventos de "fim" – representando os variados resultados alcançados nos processos.

Neste ponto, o processo "reinicia" conforme a chegada da data de confirmação de pagamento.

Receber + Faturar + Montar* + Enviar = Vender

4 Processos unidos "logicamente" para o alcance de um objetivo.

Referências

BPM

- **"BPM CBOK, V3.0 – Business Process Management Common Body of Knowledge"**, ABPMP, 2013.
- **ABPMP Brasil** – www.abpmp-br.org
- **ABPMP Internacional** – www.abpmp.org

Modelagem de Processos com BPMN 2.0

- **OMG** – www.omg.org
- Silver, Bruce – **"BPMN Method and Style"**, Second Edition with Implementer's Guide, Cody-Cassidy Press, 2011.
- Fischer, Layna, **"BPMN 2.0 Handbook"**, Future Strategies, 2011.
- White, Stephen A., Miers, Derek, **"BPMN Modeling and Reference Guide"**, Future Strategies, 2008.

Outras obras de Gart Capote

- Capote, Gart – **"Guia para Formação de Analistas de Processos"**, Amazon, 1ª edição em 2011 e 2ª edição em 2016.
- Capote, Gart – **"BPM Para Todos"**, 1ª edição, Amazon, 2012.
- Capote, Gart – **"Medição de Valor de Processos para BPM"**, 1ª edição, Amazon, 2013.

www.ingramcontent.com/pod-product-compliance
Lightning Source LLC
Chambersburg PA
CBHW052316220526
45472CB00001B/139